AF403209

DES INTÉRÊTS

ET

DES DEVOIRS

D'UN

REPUBLICAIN.

Par un Citoyen de RAGUSE;

Admonere voluimus non ladere. Erasm.

Ouvrage traduit de l'Italien
par M. B. . . .

A YVERDON

1770.

AVERTISSEMENT
DU TRADUCTEUR.

DE plusieurs Livres nouveaux qu'un ami m'a dernièrement apportés d'Italie, & dont je me propose de donner des traductions, celui-ci m'a paru le plus propre à exciter la curiosité du Public. Sans parler de son mérite intrinsèque en faveur duquel je puis être prévenu comme Traducteur, il a, ce me semble, le mérite de nous fournir bien des lumières sur une République que peu d'Auteurs ont pris la peine de nous faire connoître jusqu'à présent. Et quoique les maximes que ce Livre renferme soyent toujours rélatives à la Patrie de l'Auteur, il peut s'en trouver d'utiles pour d'autres Etats Républicains. J'aurois souhaité de pouvoir expliquer plusieurs de ces allusions si fréquentes dans cet Ouvrage, & qui, je le sens bien, auroient eu grand besoin de commentaires. Mais j'avoue de bonne foi que je suis obligé de laisser ce soin à quelque personne plus instruite que moi de ce qui regarde la République de Raguse. La petite Ville où je vis ne m'a fourni aucun secours à cet égard : Je n'y ai trouvé ni livre ni voyageur à consulter. J'ignore également le nom de l'Auteur qui n'a pas jugé à propos de se faire connoître. Tout ce qui me reste donc à en dire, c'est que cet Ouvrage a été écrit originalement dans la langue Dalmate ou Illyrienne qui est la langue vulgaire à Raguse, qu'il a été ensuite traduit en Italien par le Père Stratico, Religieux Dalmate de l'Ordre des Servites, & imprimé l'année 1769 à Padoue chez Jean Manfredi. C'est sur cette traduction Italienne qu'est faite celle qu'on présente actuellement au Public.

P RE-

PREFACE

DE

L'AUTEUR.

Citoyens de Raguſe je vous adreſſe ces réfléxions ſur le plus cher de vos intérêts, ſur ceux d'une Patrie que vous avez tant de raiſons d'aimer. Ne condamnez point ſur une première apparence la liberté que je prens de les publier. Bien loin que l'eſprit de parti les ait dictées, elles ſont

deſtinées à en chercher le remède, & à en montrer tout le danger. S'il eſt réſervé à des mains
plus habiles de guérir les playes
de la République, je ſuis du moins
bien aſſuré que cet Ecrit ne les
envenimera pas ; que s'il n'eſt
qu'inutile oubliez-le ; & quoiqu'il arrive ne prenez pas la peine
d'en chercher l'Auteur, qui dans
une retraite qu'il ne quittera plus,
ne demande au Ciel, après votre
bonheur, que le repos & l'obſcu-
rité.

Il y a dans tous les Etats des
hommes ſages qui ne ſont point
livrés à la fureur des partis : il y
a dans tous les partis de bons
Citoyens capables de faire au

bien public le sacrifice de leurs opinions & de leur ressentiment, C'est surtout à vous, vrai Patriotes, que cet Ouvrage est adressé. Vous seuls lirez sans préjugés & sans passion, ce que j'ai écrit sans intérêt & sans passion. Vous en approuverez du moins l'intention, & peut-être y trouverez-vous encore des principes propres à affermir, à diriger votre vertu. Puisse votre nombre s'accroître ! Puissiez - vous sentir enfin que faits pour vous estimer, vous l'êtes pour vous réunir, & pour travailler de concert au bonheur de la République ! Puissent du moins vos leçons & votre exemple ramener tant d'hommes extrê-

mes que leurs paſſions aveuglent ;
& qui, s'ils en étoient crus,
feroient bientôt, ſans le vouloir,
un ſéjour de troubles & de malheurs de la plus agréable contrée
de la terre.

DES

DES INTÉRÊTS

ET

DES DEVOIRS

D'UN RÉPUBLICAIN.

CHAPITRE PREMIER.

Où l'on tâche d'établir les principes du sys-
tême politique qui convient à la Répu-
blique de Raguse, & où l'on trace le
plan de cet Ouvrage.

IL n'y a point de bon Citoyen à Raguse, qui ne forme sans cesse des vœux pour le bien de sa Patrie, & quelquefois aussi des projets & des systêmes. Si vous pouviez connoître tous ces vœux & ces projets, vous ver-

A

tiez qu'ils fe reffemblent, tous dans la fin, à laquelle ils tendent, quoique les moyens que chacun choifiroit s'il étoit le maître, fe trouvaffent entiérement différens. Tous défirent que la République refte libre & indépendante, qu'elle jouiffe de la paix au dedans & au déhors, que les loix s'y rapportent au plus grand bien général, qu'elles y foient bien obfervées, que la juftice, que les revenus publics y foient fidélement, & fagement adminiftrés, que le commerce & les arts y profpérent, qu'on y voye régner l'abondancé, l'harmonie, la tranquillité &c.

Il ne dépend pas toujours fans doute du Peuple le plus fage de fe procurer de fi grands biens. Le pouvoir Souverain qui difpofe des chofes de ce monde femble fe jouer fouvent de tous les efforts des hommes. Il déconcerte fouvent par des accidens qu'on ne peut ni prévoir, ni prévenir les mefures les mieux calculées. Mais il permet plus fouvent encore aux hommes fages de recueillir les fruits de leurs vertus & de leurs travaux, & vous trouverez prefque toujours après un certain nombre d'années, qu'un peuple fenfé, prudent & vertueux jouït d'un fort infiniment plus heureux que celui qui n'a pris confiamment que fes paffions & fes caprices pour régle de fa conduite.

Ce n'eft donc point une fcience vaine & indifférente, que celle qui a pour objet la recherche des devoirs & des intérêts d'une nation. Car fi elle ne peut lui procurer certains avantages qui dépendent de la nature feule, elle peut du moins prévenir les grands maux que l'imprudence attireroit tôt ou tard fur elle, & elle trouve fouvent des remèdes à ceux qu'elle n'a pû prévenir.

Cette morale des nations qu'on nomme ordinairement *politique*, offre à leur confidération des préceptes de deux fortes. Les uns regardent la nation en corps, & traitent du gouvernement, des loix, des maximes qui conviennent le mieux à fa pofition, à fes befoins, à fon caractère. Les autres s'adreffent aux individus, aux citoyens en particulier, & ont pour objet les mœurs, les fentimens, les ufages de la vie privée, en tant qu'ils intéreffent le bien général de la nation. C'eft en effet de ces deux fources, les loix, & les mœurs, que dérivent prefque tous les biens & les maux que les fociétés éprouvent : c'eft là qu'il faut remonter pour trouver les vrayes caufes de leur élévation, de leur, profpérité, de leur corruption & de leur décadence. Cette vérité eft trop évidente pour qu'il faille s'arrêter à la prouver ; mais on ne fçauroit trop l'avoir préfente à l'efprit pour fentir l'importance de ce fujet, & lui donner le degré d'attention qu'il mérite.

Ces deux objets devront être confidérés fucceffivement dans cet Ouvrage. Nous examinerons d'abord quel genre de gouvernement convient le mieux à Ragufe; nous ferons enfuite une femblable recherche rélativement aux mœurs. Mais nous ne propoferons fur l'un & fur l'autre de ces objets, que des principes généraux. Notre convalefcence eft encore trop peu avancée, pour que nous puiffions fupporter fitôt des applications, & des développemens de ces principes que l'efprit de parti ne manqueroit pas d'attribuer auffitôt à l'efprit de parti. Je laifferai donc pour le préfent à chaque Lecteur le foin de faire lui-même ces applications. J'aime mieux courir le rifque d'avoir fait un Livre inutile, que celui d'effaroucher l'homme le plus ombrageux ; & je veux pou-

voir me rendre à moi-même le témoignage,
que si quelqu'un trouve ici du venin ce
sera sa malignité seule qui l'y aura mis.

C'est une observation que l'on a souvent
faite, mais qu'il faut répéter ici, qu'il n'est
point de gouvernemens que l'on puisse appeller bons ou mauvais en eux-mêmes, &
qu'ils ne le deviennent que par leur convenance, où leur disconvenance avec la manière d'être du Peuple qui les adopte. C'est
ainsi qu'on dit avec raison en médecine, qu'un
remède & un régime sont bons ou mauvais,
suivant le tempérament du malade, & la nature de la maladie. Mais de même que ceux
qui n'ont aucune idée juste sur la médecine,
pensent qu'il a des remèdes universels qu'ils
appliquent imprudemment à toutes sortes de
maux, ceux qui n'ont point assez réfléchi sur
les intérêts des sociétés, sont sujets à adopter
aussi des maximes trop générales , & par l'application trop précipitée qu'ils en font, ils
portent souvent la confusion dans les affaires,
s'ils ont la liberté d'agir, & du moins dans
les idées, s'ils n'ont que celle de parler.

Convenons donc que s'il est nécessaire,
avant que de donner des remèdes à un ma-

lade de connoître fon tempérament & le caractère de fa maladie , il ne l'eft pas moins d'étudier la manière d'être d'un Peuple , fa fituation, fon génie & fes befoins , avant que de lui propofer un fyftême de mœurs & de gouvernement. Ce régime , pour fuivre la comparaifon , n'aura de valeur qu'autant qu'il répondra parfaitement à ce que demande l'état de ce Peuple , confidéré par tous les rapports qui peuvent être du reffort de la politique. Sans la cohnoiffance des ces rapports , nous aurons beau favoir citer toutes les maximes des Sages anciens & modernes , ce fera le plus grand hazard du monde fi nous en faifons une jufte application , & fi dans une multitude de belles chofes que nous emprunterons d'eux il y en ait une feule qui aille au fait.

Tâchons d'éviter cette erreur fi commune; & pour ne point nous égarer dans une recherche qui doit toujours avoir notre Nation pour objet unique , déterminons avant tout fon état moral & politique , en raffemblant les traits les plus propres à le faire connoître , & en né nous appuyant dans cette courte indication , que fur des faits connus

& des obfervations auffi peu conteftées qu'il eft poffible d'en trouver en femblable matière.

Le premier coup d'œil que je jette fur la République de Ragufe m'apprend qu'elle eft un très-petit Etat, puifqu'elle ne renferme au plus que 'trente mille habitans dans fon fein.

Il n'eft pas moins facile de voir que le territoire qui en dépend eft extrêmement borné : en effet, quoique très - bien cultivé & très - peuplé , on auroit de la peine à y trouver quatre ou cinq mille habitans.

Il me paroît encore bien évident que ce territoire , plus agréable que fertile , ne peut nourrir qu'un très-petit nombre d'hommes au delà de ceux qui le cultivent ; & qu'en le fuppofant tout réuni , & toujours très - bien cultivé , le fuperflu des denrées qu'il pourroit produire , ne fauroit fuffire aux befoins d'une Bourgade des plus médiocres.

Dans fon état actuel , la ville de Ragufe étant peuplée de vingt - deux à ving-quatre mille ames , il fuit donc qu'il faut qu'elle tire prefque toutes fes denrées des nations étrangères ; & comme les étrangers ne les lui fourniffent pas gratuitement , il eft clair que c'eft à fon induſtrie à lui procurer de quoi les payer.

On croiroit en lifant le *Contract focial* que l'Auteur avoit cette République en vuë, quand, pour prouver que chaque Peuple doit fe choifir un mode de vivre particulière, felon fa fituation, & les rapports qui en naiſſent, il difoit : (*) » Votre fol eſt-il ingrat & ſté- » rile, ou votre pays trop ferré pour les ha- » bitans ? Tournez-vous du côté de l'induſ- » trie & des arts, dont vous échangerez les » productions contre les denrées qui vous » manquent. «

Ce premier rapport du Peuple de Raguſe à fa manière de fubfifter, eſt donc un rapport fondamental, qui doit être dans l'ordre de fes divers intérêts, ce que le befoin de fe nour- rir eſt aux autres befoins de l'homme. Il faut donc avant toutes chofes le confidérer comme un Peuple fubfiftant par fon induſtrie ; c'eſt-à- dire, par le commerce & par les arts.

Je n'ignore pas que dans fon état actuel il a ſcû fe faire d'autres reſſources qui bien qu'elles doivent leur origine à une induſtrie exercée avec fuccès, paroiſſent en être deve- nues indépendantes. Mais il faut obſerver

(*) L. I. ch. 2.

auſſi, premièrement que cela n'eſt vrai que pour un nombre de particuliers très petit rélativement à la totalité des habitans, & que nous devons parler ici des intérêts de tout l'état, c'eſt-à-dire de ceux du grand nombre.

En ſecond lieu ces richeſſes ſouvent trop exagérées ſont d'une nature trop précaire, trop incertaine, trop peu durable, pour pouvoir être regardées comme une reſſource veritable & propre à la nation. Il y en a une très grande partie qui peut lui échapper auſſitôt que ceux qui les poſſédent le jugeront à propos. Rien ne les lie au ſol que la volonté du poſſeſſeur qui peut les tranſporter aiſément où bon lui ſemble. Elles peuvent encore ſe perdre plus aiſément par quelqu'un de ces accidens nombreux & trop probables que tout le monde connoit. Et quant aux biens attachés au ſol de la République, (les ſeuls qu'on puiſſe dire propres à un état), quoiqu'ils ſemblent d'abord d'une valeur conſidérable, il eſt manifeſte qu'ils ne doivent cette valeur qu'à la proſpérité générale de la République, enſorte que de quelque manière qu'on enviſage les choſes, nôtre Etat ne ſçau roit être privé vingt où trente ans au plus de la reffource du commerce & des arts fans tomber dans la plus grande décadence.

Ajoutez à cela, qu'il eft fitué de manière a être néceffairement chargé d'affez grandes dépenfes. Son approvifionement, fon état de défenfe, pour ne point parler des autres fraix de l'adminiftration, fuppofent des revenus fixes & confidérables. Il n'a pas moins befoin de crédit & d'avances pour les dangers, pour les accidens auxquels il eft expofé, pour foutenir la portion du peuple qui ne vit que d'un travail journalier, & qui peut aifément, felon la remarque de *Montefquieu*, fe voir privé par intervalle d'une reffource toujours plus ou moins incertaine, puifqu'elle dépend plus de l'étranger que de lui. Nouvelles preuves, s'il en falloit encore, que cet Etat eft fondé fur l'induftrie, ou, ce qui eft la même chofe, fur les richeffes, & qu'il ne fauroit fe paffer de leur fecours.

Après avoir bien établi cette vérité fondamentale, & heureufement auffi fimple qu'inconteftable, confidérons Ragufe par d'autres rapports. Cette Ville eft fituée à l'extrêmité d'un Golfe auquel aboutiffent les Etats de

trois Puissances inégales, mais toutes très-
grandes rélativement à elle. D'un côté, elle
touche aux Etats du Grand-Seigneur, de
l'autre à ceux de la maison d'Autriche ; par
un troisième, elle est voisine de la République de Venise. Et quoique ces Puissances ne
lui témoignent que de la bienveillance, elle
n'en est pas moins vis-à-vis d'elles dans cette
sorte de rélation qui a tóujours lieu entre
de petits Etats & de grands Etats limitrophes,
rélation qui n'est pas sans délicatesse pour les
premiers, & qui exige d'eux une conduite
bien plus mesurée & bien plus circonspecte,
que s'ils ne voyoient autour d'eux que leurs
inférieurs ou leurs égaux.

Il suit encore de cette position que la force
de Raguse ne sauroit être dans son sein, mais
qu'elle peut avec une conduite sage & prudente, trouver une sûreté tout aussi grande
dans l'intérêt même de ses voisins, intérêt
qu'ils sont trop éclairés pour ne pas reconnoî-
tre, comme aussi ils le reconnoissent de plus
en plus. En effet, sa prospérité est de nature
qu'ils la partagent en quelque sorte avec elle,
& qu'ils ne peuvent en devenir ennemis,

tant qu'elle en ufera avec fageffe & avec modération.

Les habitans de Ragufe étant environnés de fi
près des nations étrangères; & la nature de leurs
occupations les obligeant à avoir avec elles des
liaifons fréquentes & intimes, il eft impoffible
qu'ils n'empruntent pas d'elles, à beaucoup d'é-
gards, leurs ufages & leurs mœurs. Ces mœurs
empruntées formeront donc toujours une portion confidérable des mœurs de la nation.
L'autre portion fera le produit de l'efprit de
commerce & de l'efprit Républicain, mais
l'alliage des mœurs étrangères y fera fi dominant & fi néceffaire, que tout gouvernement,
toute inftitution qui y répugneroit à un certain point, tourmenteroit inutilement la nation, fans pouvoir ni la foumettre ni la changer.

Ragufe étant & devant être depuis
long - tems une Ville de commerce, il
eft auffi inévitable que les fortunes y foient
inégales, qu'il eft impoffible que tout le
monde faffe le commerce avec la même habileté & le même bonheur. Celui qui voudroit que les chofes allaffent autrement devroit vouloir auffi que des joueurs ne gagnaf-

fent ni ne perdiffent , ou , ce qui eft la même
chofe , qu'ils jouaffent & ne jouaffent pas en
même tems.

De ce fuccès avec lequel le commerce &
les arts ont été depuis long-tems exercés à
Ragufe , il doit être réfulté , outre quelques
grandes fortunes particulières , une forte
d'aifance générale ; & ce qui eft une conféquence tout auffi inévitable de cette aifance,
le goût du plaifir & du luxe, une émulation
très-vive entre tous les Citoyens , une facilité
très-grande à s'éclairer , & (vu le peu d'a-
limens qu'offre à des efprits actifs un état auffi
borné) , un penchant très-fort à s'occuper des
affaires particulières & publiques , à les difcuter, & à les éplucher.

Une nation foumife à un maître abfolu fe
tourne vers les arts agréables , quand elle eft
riche. C'eft la feule reffource de fon loifir. La
profpérité produit un autre effet chez celle
qui eft libre & vouée au commerce. Le gouvernement Républicain donne aux ames une
forte de roideur & de fierté : le commerce
accoutume l'efprit à pefer , à calculer toutes
chofes, & à ne les eftimer que rélativement à
l'utilité directe. Ces divers principes com-

binés ensemble doivent avoir influé fur le caractère des habitans de Ragufe. Leur raifon
doit être très-exercée, & bien plus que leur
goût. Leur efprit doit être bien moins orné
de connoiffances agréables, qu'affranchi d'er-
reurs & de préjugés. Et comme dans chaque
manière d'être des hommes il fe trouve conftamment à côté du bien une tendance à l'a-
bus, dans celle-ci le danger le plus à craindre,
dre, ce feroit que ce goût du plaifir ne dé-
générât en molleffe, en épicuréifme, cette
émulation en envie, cette attention aux affaires publiques, en habitude de ne rien approuver, cette raifon exercée, en défiance, en
fubtilité & en *ergoterie*. Enfin, la fierté per-
mife à un homme libre pourroit aifément con-
düire à la hauteur, à l'impatience, à l'indo-
cilité; & l'efprit du commerce pourroit étein-
dre dans les ames l'amour de la Patrie & de la
vertu, en les accoutumant trop à mefurer
tout au pied de l'intérêt.

On pourroit fans doute ajouter divers traits
à cette légère efquiffe. Il nous fuffit pour le
préfent d'avoir fait connoître les plus effentiels, & d'avoir vu, quoique d'une manière
générale, ce que c'eft que notre pofition po-

litique & morale, quels en' font les fondemens, & quelles en doivent être les conféquences les plus immédiates.

Il eft fur toutes chofes effentiel de fe bien
perfuader que cette pofition n'eft pas de notre
choix, & que forcés de la recevoir telle quelle
eft avec fes bons & fes mauvais côtés, tout ce
que nous avons de mieux à faire eft d'en
tirer le meilleur parti poffible, en y confor-
mant avec prudence nos loix, nos mœurs,
& toutes les maximes de notre politique.

Ecoutez fur cela les leçons d'un beau génie qui devoit bien connoître les gouvernemens Républicains. (*) » Ce qui rend, difoit-
» il, la conftitution d'un Etat véritablement
» folide & durable, c'eft quand les convenan-
» ces font tellement obfervées, que les *rap-*
» *ports naturels* & les *loix* tombent toujours
» de concert fur les points, & que celles-ci
» ne font, pour ainfi dire, qu'affurer, ac-
» compagner, rectifier les autres. Mais fi le
» Légiflateur fe trompant dans fon objet,
» prend un principe différend de celui qui naît
» de la nature des chofes, on verra la conf-
» titution s'altérer, & l'Etat ne ceffera d'être

(*) Contract focial, L. II. ch. 2.

» agité, jusqu'à ce qu'il soit détruit ou chan-
» gé, & que l'invincible nature ait repris
» son empire. "

Ne rêvons donc pas tout éveillés, mes
chers Concitoyens, comme cela nous arrive
quelquefois. N'allons pas nous imaginer, les
uns que nous pouvons faire naître chez nous
l'égalité, la simplicité, l'innocence d'un peuple de bergers de quelque vallée des Alpes ;
les autres, que nous pouvons figurer dans le
monde à côté des grandes Monarchies voisines, adopter leur faste, leurs sentimens & leurs
mœurs. Ne nous figurons point que nous
sommes ni à Rome, ni à Athènes, ni à La-
cédémone. Tous ces Etats sont loin de nous,
& les principes qui les gouvernoient sont plus
loin encore de ceux que nous devons suivre.
Je le redis encore : Partons de ce qui est, de
l'état du Peuple de Raguse tel qu'il nous est
donnée, avec un certain caractère, un certain terrein, une certaine situation géogra-
phique, de certaines relations nécessaires avec
ses voisins. De tous ces rapports bien étudiés,
bien approfondis découlent les seules maximes que nous devons écouter. Ils sont la base
de tous nos intérêts. Défiez-vous de tout sys-
tême,

tême , quelque fpécieux qu'il foit qui ne s'y
conformeroit pas. Ces fpéculations vagues, ou
applicables à d'autres peuples , ces théories
éblouiffantes, ces lueurs incertaines qu'on
appelle des lumières philofophiques , ne font
faites que pour nous égarer. Et qui peut dire
combien elles ont fouvent produit ou accrû
les mécontentemens , & fortifié le penchant
aux nouveautés & à l'inquiétude ? Que des
Peuples ifolés , puiffans & riches par eux-mêmes faffent , s'ils le veulent, des expériences
fur les diverfes légiflations. Qu'ils effayent des
loix de Minos ou de Lycurgue ; qu'ils ren-
trent même , s'il eft poffible , dans cet état de
nature dont tout le monde parle , & qui eft
toujours fi peu connu ; je fuis loin de m'y op-
pofer ; je le fouhaite même. Ces expériences
feront curieufes & inftructives , & peut-être
en profiterons-nous un jour. Mais ce n'eft
pas avec des reffources précaires , avec une
foible conftitution , qu'il faut fe permettre
une fi dangereufe curiofité. N'oublions jamais
qu'un Etat commerçant , foible , borné , conftitué , en un mot, comme le nôtre , n'a pas
plufieurs manières de profpérer , & que tout
ce qui le détourne de la modération , du tra-

vail, de l'ordre, de la bonne intelligence au dedans, de la circonspection au déhors, ne peut que le conduire plus ou moins promptement à sa perte.

CHAPITRE SECOND.

Que le Gouvernement Aristocratique ne convient point à Raguse.

NOus venons de voir qu'une des principales sources du bonheur & du malheur des peuples est dans la nature du Gouvernement qu'ils ont adopté. Nous avons observé aussi que ce sont les rapports du gouvernement au caractère, aux intérêts, à la position du peuple qui peuvent seuls déterminer s'il faut l'appeller bon ou mauvais. Il est donc aussi naturel qu'intéressant pour nous de nous demander quel est le genre de gouvernement qui nous convient le mieux. Si nous pouvons répandre quelque jour sur cette importante question, il semble que nous aurons fait un grand pas dans la connoissance de nos intérêts.

Mais pour ne porter nos regards que fur des objets connus & déterminés ; pour écarter d'ici les idées vagues qui font l'écueil ordinaire de ces fortes de recherches, ne confidérons d'abord que les deux extrêmes oppofés du Gouvernement Républicain, tels que font l'Ariftocratie & la Démocratie illimitée, & voyons par une comparaifon exacte de ces deux fortes de gouvernemens avec ce que nous favons de nôtre manière d'être morale & politique, s'il fe trouve ou non entre ces chofes cette convenance, cette harmonie, qui peut feule affurer nôtre bonheur.

Tout ce que nous dirons de ces deux extrêmes formera de foi-même le tableau du Gouvernement Républicain mixte & tempéré qui participe aux avantages & aux inconvéniens des deux extrêmes à proportion de ce qu'il participe à la nature de l'un ou de l'autre.

Commençons pour cet effet par examiner l'Ariftocratie pure, & voyons après l'avoir définie, fi c'eft là le Gouvernement qui nous convient.

J'entends par *Ariftocratie pure & illimitée*,

celle où les différens pouvoirs sont réunis dans les mains d'un petit nombre de Sénateurs qui ne doivent ou ne rendent aucun compte à personne de l'emploi qu'ils en font. J'entends encore que ce Sénat soit composé constamment de sujets tirés des mêmes familles, soit que la Loi leur attribue expressément ce droit exclusif, soit que, comme il arrive souvent quand l'élection des Sénateurs dépend du Sénat lui-même, le crédit de ces familles fortifié par le tems & par l'usage, les ayent mis en possession de cette prérogative.

Comme il est très important de s'entendre; j'avertis encore avant que d'aller plus loin, que l'Aristocratie dont je parlerai dans ce chapitre n'est que celle que je viens de définir, & qui étant *héréditaire de droit ou de fait*, diffère essentiellement de l'Aristocratie *élective*; c'est-à-dire, de celle dont les membres sont élus, en tout ou en partie, par l'assemblée du Peuple, & peuvent être tirés à son choix, de tous les ordres des Citoyens indifféremment.

Quand je considère cette première espèce d'Aristocratie, ou celle qui est héréditaire, une réfléxion me frappe au premier abord ; c'eft que des familles qui occuperoient conf- tamment les premières placés de l'Etat, & des familles qui en feroient conftamment ex- clues, formeroient néceffairement deux or- dres auffi féparés que les idées de pouvoir & celles de foumiffion font réellement diftinctes. En vain éviteroit - on avec foin de prononcer les mots de *Patriciens* & de *Plébeyens*, de *Nobles* & de *Bourgeois*. En vain les diftinc- tions extérieures feroient-elles profcrites par des loix févères, il y auroit un intervalle né- ceffaire entre ces deux ordres ; & plus les chofes refteroient longtems dans cet état, plus cet intervalle deviendroit vafte & profond.

Cela étant, je demanderai fi ces familles d'un ordre fi diftingué par fes droits feront le commerce comme celles qui n'en jouiffent pas, ou bien fi elles prendront le parti d'y renoncer ?

Dans le premier cas, ne feroit-ce pas elles qui feroient bientôt exclufivement tout com- merce de quelque importance ? Car qui les empêcheroit de l'attirer tout entier à elles ? Quel frein pourroit réprimer leurs monopôles ? Le commerce iroit donc naturellement fe conrentrer dans un petit nombre de maifons qui réuniffant le pouvoir, la dignité & les richeffes, accableroient en quelque forte le refte de la nation, par l'énorme difproportion de leur fortune. Toute ombre d'égalité, d'émulation, de concurrence difparoîtroit. Ces familles feroient tout, & les autres rien, comme il eft arrivé dans quelques Républiques d'Italie dont le nom ne figure prefque plus aujourd'hui que dans l'hiftoire, & qui ne confervent plus que de foibles reftes de leur ancienne profpérité.

Mais elles en confervent du moins quelques reftes, parce que le commerce qu'elles faifoient étoit fondé fur les productions d'une terre fertile, ou fur le voifinage d'une mer qui touche aux trois parties du monde ; mais que nous refteroit-il à nous qui ne pouvons appeller & fixer le commerce dans notre ftérile vallée qu'à force d'induftrie, de liberté, de concurrence ; nous qui n'avons eu quelques fuccès jufqu'à ce jour que parce que le fentiment d'une certaine égalité, l'opinion de notre fûreté, la confiance en la probité de nos Magiftrats, & cet amour fi vif, fi actif pour notre Patrie qui eft le fruit de

tout cela , nous ont donné le courage &
la conſtance néceſſaires pour vaincre les obſ-
tacles multipliés que les hommes & les élé-
mens nous oppoſoient.

L'eſprit d'économie, la modération dans les
déſirs , le goût du travail , nous ont encore été
néceſſaires pour faire fleurir l'induſtrie dans nos
murs, & ces mêmes vertus qui l'y ont fait éclorre peuvent ſeules l'y retenir , & nous en aſſurer
les fruits. Mais tous ces ſentimens , toutes ces
vertus ne ſauroient que languir , & périr enfin
ſous l'influence de l'Ariſtocratie héréditaire.
Le génie de ce gouvernement ne peut manquer de leur être mortel. Le faſte , l'orgueil,
les diſtinctions, la cupidité , la profuſion , la
défiance , voilà ce qui entre principalement
dans ſa compoſition. Il fait attacher des idées
de dégoût & de mépris à la ſimplicité des
mœurs , au travail , aux arts , enfin au commerce même , quand une fois l'opulence permet aux familles qu'il a élevées , de ſe livrer
à toute la *grandeur de leurs ames* , & d'y recevoir le goût & les idées de la nobleſſe des
Monarchies. Ainſi ces familles Patriciennes
qui auroient d'abord uſurpé tout le commerce finiroient vraiſemblablement par le laiſſer

échapper de leurs mains , fans que les autres en profitaffent. Elles fe laifferoient gagner par la contagion des préjugés des Etats voifins , & réduites à exercer un empire ftérile qui feroit toute leur reffource , elles donneroient bientôt à Ragufe des maîtres durs, indigens, faftueux & avides, contraints de vivre des fruits de l'induftrie d'autrui , & tout auffi contraints à s'en défier.

Mais fuppofons contre les apparences que lorfque les familles Patriciennes auroient renoncé au commerce & aux arts, celles de l'autre ordre continueroient à s'en occuper avec la même liberté & le même fuccès qu'aujourd'hui. En vérité cet état eft fi peu naturel qu'on peut bien affurer hardiment qu'il fe termineroit en peu de tems par quelque révolution. En effet comment feroit-il poffible que dans un Etat auffi borné les richeffes fuffent d'un côté, & toute l'autorité de l'autre ? Par quel prodige un ordre nombreux dans le fein duquel feroit la force de la République, n'auroit-il pas le fentiment de cette force, & fe foumettroit-il docilement à vivre dans une dépendance éternelle ? L'expérience de tous les fiècles a fait voir que l'ambition

ne manque jamais de naître dans les cœurs,
qui ont été longtems occupés du défir des
richeffes, lorfque ce défir fatisfait commence
à perdre de fon activité. On verroit donc du
même côté l'ambition, la force, les richeffes,
& peut-être la vigueur de l'ame, le courage
& le patriotifme. Qu'oppoferoit à tout cela
l'Ariftocratie ? Ce feroit d'abord fans doute
cette hauteur & cette défiance qui lui font fi
naturelles, Mais devenue par cela même encore plus odieufe, il ne lui refteroit enfin pour
fe maintenir que des moyens violens, une
inquifition d'Etat, des fupplices & des foldats,
reffources infenfées du défefpoir abfolument
deftructives d'elles-mêmes & de tous les fondemens fur lefquels repofe notre Etat, reffources en un mot dans lefquelles l'Ariftocratie &
la République iroient inceffamment fe précipiter du même pas.

Je fupoferai, fi l'on veut, une chofe moins
vraifemblable encore, c'eft que l'Ariftocratie
puiffe fe maintenir cependant par cette crainte
qu'elle aura eu l'art d'infpirer. Mais dès-lors
je ne puis plus voir la République de Ragufe,
ni même un autre Etat à la place de celui-là.
Peut-on fuppofer avec quelque ombre de rai-

son que cet ordre d'hommes industrieux, éle-
vés dans l'aisance & dans le sentiment de la
liberté, attachés surtout par ce sentiment au
sol ingrat, au climat dur & âpre de la Dalmatie, où la vie est si souvent chère & pénible, que ces hommes certains de voir leurs
talens accueillis dans les Etats voisins à beaucoup d'égards plus favorisés de la nature, se
soumettroient paisiblement au joug dont leurs
compatriotes voudroient les charger, & continueroient à travailler avec activité pour
payer les chaînes dont on les lieroit, & rendre plus flatteuse & plus brillante la domination de leurs ennemis ? Comment seroient-ils
assez stupides pour ne pas préférer à cette pré-
tendue patrie le gouvernement si modéré
des Vénitiens, ou les fertiles Provinces de la
Grèce qui sont sous leurs yeux, & dans les-
quelles, s'ils avoient des maîtres absolus, ils
auroient du moins la consolation de ne les voir
que rarement ? Ils ne tarderoient pas sans doute
à prendre un parti dont l'avantage seroit si
sensible ; & dès-lors à quoi se réduiroient ces
belles prérogatives des Patriciens, quand
par la fuite de l'industrie, & la perte de son
unique ressource cette Ville seroit tombée

dans une incurable langueur ? Bel empire que celui qui s'exerceroit sur les restes avilis d'un peuple qui mourroit tôt ou tard de faim ainsi que ses maîtres !

Vous penserez peut-être que j'exagère ces dangers, & vous m'opposerez l'exemple de petits Etats qui ont sçu concilier le régime Aristocratique, le commerce & les arts. Vous citerez les Villes de Hollande, & plusieurs Villes libres d'Allemagne très-florissantes ? Mais quelques mots suffiront pour vous prouver que ces exemples ne sont rien moins que concluans.

Les Villes dont vous parlez ne sont ni isolées, ni parfaitement indépendantes comme Raguse. Elles font partie d'une grande confédération qui a des chefs, des conseils, des armées. Or ces chefs & ces conseils, quelque peu d'autorité que vous leur supposiez, peuvent servir tout à la fois à *maintenir & à contenir l'Aristocratie*; & par cela même ils la font supporter au peuple, ou de force ou de gré. Les liens qui unissent chaque Ville des Provinces-Unies avec tout le corps de la République forment donc une différence essentielle entre la condition de ces Villes & celle de la nôtre, différence qui ne permettroit point de les comparer quand il n'y en auroit pas d'autres très-importantes dans la nature du commerce des Villes de Hollande, dans son étendue, dans les Provinces, les Colonies, les immenses établissemens qu'elles possèdent en commun, & qui non-seulement favorisent, mais exigent même tellement un gouvernement restreint à un petit nombre de chefs, qu'elles ont, comme chacun sait, une pente assez forte vers la Royauté.

A l'égard des Villes libres de l'Empire, elles ont aussi un Supérieur & des Juges revêtus d'une force suffisante pour y maintenir ce qui y est établi : & celles qui font commerçantes & gouvernées aristocratiquement auroient été plus d'une fois bouleversées, si ce Juge n'eut été à la porte, & fréquemment appellé au secours d'un Sénat qu'il a intérêt de favoriser.

Je ne vois donc que la République de *Lucques* dont l'Etat ait quelque rapport avec le nôtre. En effet elle est d'une étendue bornée, elle est isolée, indépendante, soumise à une Aristocratie héréditaire depuis bien des siècles, & cependant depuis aussi longtems elle est paisible, heureuse, & elle s'applique

au commerce & aux arts. Mais cette contra-
riété avec nos principes n'eſt qu'apparente, &
elle tombera d'elle-même quand nous aurons
mieux vu ce que c'eſt que l'Etat de Lucques.

Obſervons d'abord que cette République a
ſept ou huit fois autant de territoire que Raguſe, & que ce territoire eſt naturellement
d'une grande fertilité. Les terres y rendent
quinze à vingt pour un dans la plaine, & un
champ donne ordinairement trois récoltes en
deux ans. Les ſoyes & les huiles y ſont abondantes & très-eſtimées, & font entrer annuel-
lement des ſommes conſidérables à Lucques.
Ce territoire, tout borné qu'il eſt, ſuffit donc
pour faire vivre un peuple nombreux de
quelque manière qu'il ſoit gouverné, pourvu
que le gouvernement ne ſoit pas entièrement
oppreſſif. Et ce peuple content de jouir en
paix des terres fécondes qu'il cultive, content
du beau ciel ſous lequel la nature l'a placé,
naturellement gai, doux & fléxible comme
les Toſcans ſes voiſins, n'eſt point porté au
changement, à l'impatience & à l'inquiétude.
Il peut ſouffrir des maîtres, & vivre encore
plus heureux en leur obéiſſant que des
peuples d'un autre caractère qui ne ſavent

ni supporter la dépendance , ni bien user de la liberté.

Ce n'est pas tout : on compte près de cent vingt mille habitans dans l'Etat de Lucques , & il n'y en a pas plus de vingt mille dans la Capitale. Nous avons vu qu'à Raguse au contraire la Ville est tout , & le territoire presque rien : cette seule différence en occasionne une multitude d'autres.

L'ordre des cultivateurs faisant à Lucques une portion très-considérable de la nation , on comprend que là où il y a un si grand nombre de *petits* , il peut bien y avoir quelques *grands.* Il se forme naturellement partout une sorte de ligue entre les deux ordres extrêmes contre l'ordre moyen dont les deux autres sont jaloux. Le peuple n'a jamais aimé à être le sujet d'une Démocratie. Cette sujettion peut quelquefois être moins fâcheuse que celle d'un Prince ou d'un Sénat , mais elle est plus humiliante , soit à cause de la multitude de Supérieurs dont on se voit environné , soit parce qu'il est dans la nature que nous n'aimions point à avoir pour maîtres ceux qui sont nés à peu près nos égaux. C'est ainsi que les valets d'un Duc se croyent très-supérieurs à ceux d'un Gentilhomme non titré, & ceux du Gentilhomme à ceux d'un riche Bourgeois, quoique ceux-ci foyent fouvent beaucoup mieux traités que les uns & les autres.

Il y a donc à Lucques une baze pour l'Ariftocratie, c'eft-à-dire un territoire qui tout petit qu'il eft vaut une Province, un peuple nombreux, des productions naturelles, abondantes & riches, que ni la bonne politique de fes voifins, ni les vices de fon gouvernement ne peuvent lui ravir.

L'exemple des Républiques Helvétiques confirme encore ces principes. Il n'y a que celles qui fubfiftent fans le fecours des arts & du commerce & par le moyen d'un territoire étendu qui ayent conftamment retenu l'Ariftocratie, comme *Berne*, *Lucerne*, *Fribourg*. La fageffe, la modération de leur gouvernement fecondées par l'avantage de leur pofition & la force de la confédération dont elles font membres les ont toujours maintenues paifibles & floriffantes, mais l'efprit de leur gouvernement n'a jamais été celui du commerce, & il ne pourroit le devenir fans que ce changement en produifit d'autres bien effentiels.

J'ai parlé des malheurs *inévitables* que

l'Ariſtocratie illimitée attireroit à une pé-
tite République commerçante, comme eſt
Raguſe, que n'aurois-je pas à dire des dangers très - *probables* auxquels elle l'expoſeroit ?
Qui ne ſçait combien la corruption & la vé-
nalité ont aiſément d'accès dans un Sénat qui
n'eſt point contenu ? Combien les liaiſons
d'amitié, celles de parenté, l'eſprit de corps
les ménagemens ambitieux que les familles
ont pour le crédit les uns des autres détour-
nent aiſément du droit chemin, & font perdre de vuë, la juſtice & l'intérêt public à
des hommes qui ſe ſont accoutumés par degrés à regarder la République comme leur
patrimoine. Et quand le luxe & l'épicuréiſ-
me qui ne reſpectent rien auront achevé de
détruire leurs principes, & de rendre la
morale & la honte même ridicules: il ne faudra plus que trouver des acheteurs, car
nous aurons certainement des Sénateurs à
vendre. Ne dites point que je vais trop loin:
On peut compter ſur le patriotiſme des citoyens les plus corrompus tant que leur
Patrie leur fait un ſort plus brillant que celui de l'étranger. Mais dans une République
qui ne pourroit ni payer les dettes de la jeuneſſe,

ħeſſe, ni fournir aucun eſpoir à la cupidité de l'âge avancé, ni flatter en aucun tems la vanité par des honneurs tant ſoit peu ſpé‑ cieux, ſeroit‑il étonnant de voir des Patri‑ ciens indigens, faſtueux & prodigues, qui dans le dégout que leur donneroit une pa‑ trie pauvre, ennuyeuſe & obſcure en feroient bon marché au premier Prince qui promet‑ troit de les décorer, de les enrichir, & de les amuſer ?

Comment conſerveroit‑on quelque ſen‑ timent de Patriotiſme dans cet état des cho‑ ſes ! Les *Patriciens* dédaigneroient la plupart une République trop bornée pour leurs grands ſentimens, les Plébeyens ne s'attacheroient point à une patrie où ils ſeroient comptés pour rien. Cette vertu qui eſt l'ame de toutes les Républiques, & dont elles peuvent d'au‑ tant moins ſe paſſer qu'elles ſont plus petites, ne ſe trouveroit donc par différentes raiſons, ni dans un ordre, ni dans un autre. *On tomberoit*, dit Monteſquieu, *dans un eſprit de nonchalance, de pareſſe, d'abandon, qui feroit que l'Etat n'auroit plus de force, ni de reſſort.*

En effet il ne faudroit pas plus eſpérer d'y voir des mœurs que du patriotiſme; les chéfs

feroient intéreffés à accorder au peuple tous
les amufemens propres à détourner fon attention des affaires publiques. Il leur en faudroit
auffi à eux, & furtout à leurs femmes &
à leurs enfans. Que leur importeroit d'entretenir aux dépens de leur plaifir & de leur
fureté l'efprit de modeftie & de frugalité? Il
ne ferviroit qu'a rendre le peuple plus riche,
plus puiffant, plus capable de concevoir &
de conduire des projets hardis. Enfin la jeuneffe de l'ordre Patricien étant longtems oi-
five, étant plus élevée à l'école des Monarchies, & dans les garnifons que dans fa patrie, on ne pourroit lui permettre une occu-
pation plus politique, & plus de fon gout
que celle de perdre fes mœurs & celles d'autrui.

Je vous le demande à préfent : Pouvez vous
croire de bonne foi, qu'un petit état fondé fur la vertu, fur le patriotifme, fur l'union,
le bonheur de tous fes membres, fur le commerce, fur l'œconomie, fur la modération
pourroit fubfifter longtems dans une manière
d'être dont le propre eft d'exclure prefque
toutes ces chofes, & de leur fubftituer des
principes tout oppofés ?

CHAPITRE TROISIEME.

Que la Démocratie ne convient point à Raguse.

QUe dirons nous à présent de l'autre extrême, de la Démocratie pure & non mitigée ? Ce gouvernement aura-t-il plus d'analogie avec le caractère, la position, la manière de subsister des habitans de Raguse ? Sera-t-il plus propre à leur assurer un bonheur général & durable ? Car c'est sans doute un bonheur de cette espèce que nous cherchons, & non ces triomphes d'un parti, cette satisfaction d'un moment dont les peuples comme les particuliers n'ont que trop souvent raison de gémir un moment après.

Cette question est tout autrement importante que celle que nous venons d'examiner. En effet s'il se forme des vœux à Raguse pour une Aristocratie illimitée ce sont des vœux sans doute bien impuissans, au lieu que nous ne saurions nous dissimuler qu'il n'y ait chez nous une tendance très forte à la pure Démocratie, que ses principes ne soyent dans

un grand nombre de têtes, & fon germe,
fi j'ofe ainfi parler, dans un plus grand nombre de cœurs.

Voyons d'abord ce qu'il faut entendre par
une Démocratie pure & entière.

A la rigueur du terme elle n'auroit lieu
que là où le corps du peuple feroit toutes
les fonctions du gouvernement fans aucune
exception (*). Mais comme cette conftitution eft impoffible, parce qu'un peuple ne peut
être affemblé tous les jours, ni une fi grande multitude expédier toutes les affaires, on
fent fort bien que nôtre intention n'eft pas
de nous arrêter ici à décrire & à combattre cette chimère.

Nous devons parler d'une Démocratie poffible, qui puiffe s'établir dans un pays tel
que le nôtre, qui exifte même quelque part.
Tels font les Etats où le peuple en corps s'eft
réfervé la puiffance Légiflative dans toutes fes
branches, le droit de pourvoir à tous les emplois
de quelque conféquence, le droit de juger
du moins par appel, ou dans les cas qu'il
juge importans, celui de délibérer & de

______

(*) Contract focial, L. III. ch. 4.

prononcer fouverainement fur toutes les affaires d'Etat internes, ou étrangères.

Ces traits caractérifent ordinairement les Démocraties, mais fouvent auffi dans ces gouvernemens le Peuple laiffe à un ou à plufieurs Confeils l'exercice journalier d'une grande partie de ces droits, fans que la Démocratie ainfi déguifée en foit moins réelle & moins pleine. C'eft ce qui a lieu de diverfes manières ; le fond & l'effentiel reftant toujours le même, ainfi que l'effet total. Le peuple peut, par exemple, garder en quelque forte ce qu'il donne, en fe réfervant le pouvoir de retirer quand il lui plaît les droits qu'il a confiés. Il peut intervenir à fa volonté dans les affaires dont le Sénat eft chargé par fon inftitution, ou les évoquer à lui extraordinairement, ou leur donner tel tour qu'il juge à propos, pendant qu'elles font pendantes, en y influant par quelque opération. Il arrive au même but quand il rend les principales Magiftratures tellement précaires qu'il peut les ôter arbitrairement, & fans accufation, ni jugement en forme ; car dans tous ces différens cas les attributions du Sénat & des autres corps ne font qu'une ombre fans réalité. Il n'y a en eux aucune force qui puiffe balancer celle des citoyens qui n'en font pas membres , & qui puiffe maintenir & lefter le gouvernement. Il ne peut pas même fe défendre contre un orage d'une courte durée , & réfifter le peu de teins qui eft néceffaire pour redreffer les volontés du grand nombre, en l'obligeant à fe modérer & à réfléchir. Ainfi dans ces gouvernemens le peuple eft plus que le Monarque ; car dans une vraye Monarchie il y a des corps intermédiaires , des formes & des Loix que le Prince ne peut changer, mais dans la Démocratie illimitée le peuple entend que les corps établis font à lui , & non à la loi, & que tandis qu'on s'engage avec lui il ne s'engage jamais avec perfonne.

Voyons à préfent dans quelles circonftances un peuple doit fe trouver pour pouvoir s'accommoder de ces principes & de ces formes de gouvernement qui , je le répéte , ne différent prefque point quant à l'effet total , c'eft-à-dire , quant à l'objet que nous étudions ici , & qu'il nous importe furtout de connoître.

Mais laiffons nous guider dans cette re-

cherche par les plus habiles maîtres de l'art :
Ils font faits pour nous inftruire les uns
& les autres ; & comme ils ne feront point
foupçonnés d'avoir penfé à nous, ils ne pourront l'être d'aucune partialité, ni mériter par
conféquent aucune défiance.

Un peuple qui veut adopter la forme
Démocratique (1), doit d'abord, de l'aveu
de tous les Docteurs, être peu nombreux
& facile à raffembler ; enforte que chaque
Citoyen puiffe connoître aifément tous les
autres.

Il eft néceffaire enfuite que ce Peuple ait
des mœurs très-fimples, & des ames auffi
tranquilles, auffi à l'abri des grandes paffions
qu'il eft poffible (2). Ces diverfes conditions
peuvent feules prévenir la multitude des affaires, les queftions épineufes, les fréquentes
diffentions auxquelles ces gouvernemens ne
font d'ailleurs que trop fujets.

Il n'eft pas moins effentiel que les fortunes
y foyent très-égales. Cette égalité, difoit
Montefquieu, eft l'ame de la Démocratie ;
& les Légiflateurs anciens l'ont regardée

(1) Contract focial, L. II. ch. 4.
(2) Ibid.

C jv

comme tellement néceſſaire à cette conſtitu-
tion qu'ils faiſoient un des principaux objets
de leur politique de l'entretenir par toute
ſorte de moyens. De là tant de loix ſur le par-
tage égal des terres ſans lequel ils jugeoient
d'après l'expérience que la Démocratie ne
pouvoit longtems ſubſiſter.

Il ne ſuffiſoit pas, ſelon eux, que les terres
fuſſent également partagées, il falloit encore
que les portions fuſſent très-petites. En général tous les Politiques avouent que la modicité des fortunes particulières eſt eſſentielle à
la Démocratie.

Enfin, ce qui ne lui eſt pas moins néceſſaire, c'eſt que la nation n'ait rien, ou preſque
rien à craindre du dehors, qu'elle ſoit comme
iſolée, ou placée dans des lieux d'un accès
difficile, ou environnée de Républiques petites, & ſoumiſes à la Démocratie comme
elle ; en un mot, qu'ignorée en quelque ſorte
des Etats puiſſans, elle n'ait avec eux que le
moins de liaiſons poſſible. Sans cela, foible
comme elle eſt, entravée dans ſes opérations par
les lenteurs, les partages des ſentimens, le peu
de ſecret auxquels ſon gouvernement l'aſſujet-
tit ; forcée à agir plus par fougue que par ſyſtê-

me , elle ne pourra fe conduire avec cette cir-
confpection & cette fuite que le danger de
fa fituation lui rendent fi néceffaires. (*) » Si
» le Sénat qui n'eft pas contenu par le peuple
» eft fujet , dit *Harrington* , à manquer de
» probité : le peuple qui n'eft pas contenu
» & dirigé par le Sénat , n'eft pas moins fujet
» à manquer de prudence. "

D'ailleurs les diffentions & les partis étant ,
de l'aveu de tout le monde , un état prefque
habituel de la Démocratie , fi la nation que
nous fuppofons n'eft pas défendue par la nature du terrein , par des alliances , par fa pauvreté , & par l'indifférence de fes voifins , fuite
de cette pauvreté , il fera bien difficile que
fans ceffe agitée au dedans , elle foit toujours
refpectée au dehors dans fon indépendance
& dans fes autres droits.

Tout ce que je viens de dire d'après les
Politiques les plus eftimés , pourroit être aifément confirmé par le témoignagne des Hiftoriens & des Voyageurs , auffi bien que par
le raifonnement. Mais on ne peut ni on ne
doit tout dire ; & quand on écrit pour un
peuple auffi éclairé , auffi intelligent que ce-

(*) Contract focial. *Ibidem.*

lui de Raguſe, on eſt fort heureuſement diſ-
penſé d'expliquer plus au long ce qu'il eſt
ſi bien fait pour entendre d'abord. L'application que nous allons faire de ces maximes à
notre République contribuera d'ailleurs à
en développer encore mieux le vrai ſens.

La première demande que l'Etat Démocratique ſoit peu étendu, le peuple peu nombreux,
& Raguſe ſatisfait parfaitement à cette condition ; enſorte que j'accorderai volontiers qu'à
cet égard nous ſommes très-ſuſceptibles de la
Démocratie.

Le ſommes nous auſſi par ce qui fait l'objet
des autres conditions demandées ? Par *cette
ſimplicité de mœurs* qui prévient la multitude
des affaires & les diſcuſſions épineuſes , par
la *modération* , le *calme* de nos ames , par l'ignorance des choſes qui excitent les paſſions , par
*l'éloignement pour le luxe , la modicité & l'éga-
lité des fortunes* , toutes choſes qui vont d'ordinaire enſemble , & que je réunis à cauſe de
cela ?

Pour être convaincu du contraire , il ſuffi-
roit peut-être de ſe rappeller que les habitans
de Raguſe ne ſont ni pourront jamais être
un peuple de laboureurs , mais qu'ils doivent

leur fubfiftance & leur profpérité aux arts &
au commerce. Ce feul mot dit tout à qui
comprend tout ce qu'il renferme. En effet
lorfque le commerce fait fubfifter un Etat,
il y eft fans doute en honneur. Les richeffes
par une autre conféquence doivent y être con-
fidérées. Elles doivent encore y faire naître
des intérêts compliqués, oppofés; quelque
relâchement dans les mœurs, quelque goût
pour les plaifirs & pour le luxe. Enfin il eft
auffi évident, comme nous l'avons déja dit,
que les fortunes doivent y être inégales, qu'il
l'eft que tout le monde ne fait pas le commerce avec la même habileté & le même bonheur.

Cela étant & devant néceffairement être,
voyons quels feront les effets de la Démocratie chez un peuple ainfi conftitué, & confidérons les d'abord rélativement à l'adminiftration de la juftice.

L'efprit de commerce, dit *Montefquieu*,
qui unit les peuples divife les particuliers. Il
oppofe leurs intérêts; il les lie à des chofes
très-délicates de leur nature, au crédit, à
l'opinion; il les rend très-difficiles à manier;
il enfante des jaloufies & des inimitiés; il ne

ſe ſoutient que par l'opinion bien établie de la
bonne foi de ceux qui le font, & de l'impartialité, de l'intégrité du Juge du pays où il
ſe fait. Il eſt donc eſſentiel à tous ces divers
égards que ces Juges ſoyent des hommes
éclairés, déſintéreſſés, intégres, fermes, & ce
qui renferme tout cela, des hommes remplis
du ſentiment de l'honneur, & dont l'ame ſoit
vraiment noble & élevée. Et ſans ce ſoutien
de l'honneur ſi néceſſaire à la vertu même,
ſans cette élévation de l'ame qui lui fait trouver ſa récompenſe dans des devoirs plus pénibles encore qu'honorés, quel homme ſera
capable de remplir la plus difficile, comme la
plus ſacrée des fonctions de la ſociété d'une
manière digne d'elle ? Quel homme réſiſtera
aux fatigues, aux dégoûts, aux tentations
qui l'environnent ? Mais je le demande en
même tems: Comment ce ſentiment de l'honneur ſeroit il dominant dans l'ame du Juge
ſous le gouvernement Démocratique qui ne
lui laiſſe jamais exercer ſes fonctions avec liberté, où il ſe voit ſans ceſſe ſous la verge
d'un maître abſolu, capricieux, paſſionné,
gouverné par ſes préventions, & rarement
inſtruit des principes ſur leſquels la juſtice doit

être rendue, lors même qu'il n'a que le defir de ce qui eft jufte ? Quand on aura vû la fervitude former des ames élevées & des cœurs généreux, quand un maître fantafque qui engage des ferviteurs fans s'engager avec eux, qui les congédie fans examen, & fans croire rien devoir à leur réputation, quand un tel maître fera fervi par des hommes pleins d'un vrai zèle, de délicateffe & de probité; alors je conviendrai que la crainte vaut mieux que la confiance, & les châtimens que l'honneur pour former un corps de Juges refpectable & intégre, je condamnerai la pratique des peuples les plus illuftres, & les plus éclairés qui ont rendu indépendantes, autant qu'ils l'ont pu, les principales charges de la judicature, & qui ont mis en leur faveur des bornes fixes au pouvoir fouverain. Enfin je démentirai tous les Hiftoriens, tous les Voyageurs, & je dirai que la juftice n'eft nulle part rendue avec plus de pureté, & d'une manière plus régulière & plus impartiale que dans les Démocraties, où le fouverain, c'eft-à-dire, le peuple influe directement fur fes décifions.

Pefez encore cette réfléxion, c'eft que nul peuple n'a plus de raifon de defirer des Juges

habiles & éclairés que celui qui s'adonne
au commerce. Le commerce a le plus grand
befoin de loix & de régles : *Il faut*, dit Montefquieu, *un code bien plus étendu pour un peuple de Négocians que pour tout autre.* Les jugemens doivent donc y être plus foigneufement
difcutés que partout ailleurs. Par conféquent
encore il faut pour remplir les offices de Juges
des hommes qui fe vouent dès l'enfance à cette
profeſſion également difficile & honorable,
qui en ayent refpiré, s'il fe peut, le véritable
efprit dans la première des écoles, celle de la
maifon paternelle, qui le perpétuent dans les
Tribunaux par la pratique & l'exemple d'une
vie entière. Mais je le répéte, s'ils ont befoin
de tant de fçavoir, d'expérience & de patience, il faut que l'honneur attaché à leurs digni-
tés en foit l'attrait & la récompenfe ; il faut
qu'elles foyent à l'abri des caprices du public
qui ne feroit qu'obfcurcir leurs lumières par
fes préventions, ou faire taire leurs confciences
par fes menaces & fes promeffes. Il ne faut pas
qu'ils ayent fans ceffe à craindre que pendant
qu'ils confacrent leur vie à juger les autres fur
les régles & les formes les plus fagement établies, la calomnie les condamne eux-mêmes

fans régles & fans examen, & que toutes les études de leur jeuneffe, tous les fervices de leur âge mûr, foyent payés dans leur vieilleffe par l'ingratitude & le caprice d'un moment.

Mais tout ce que nous demandons ici pour eux, ne nous le diffimulons point, ce n'eft pas le gouvernement Démocratique qui nous l'accordera. Il eft de fon effence que le peuple toujours incapable de pefer les jugemens, veuille toujours les diriger ou les dicter. Il établit des Juges, direz - vous, comme les Monarques, pour rendre la juftice en fon nom. Qu'importe fi ces Magiftrats ne font & ne peuvent être que les organes paffifs de fes volontés. On l'a dit il y a longtems, & rien n'eft plus vrai. Les Juges font infiniment plus libres fous les Monarques abfolus que fous la domination du peuple dans la Démocratie. En effet, à la réferve de quelques cas très-rares, qu'importe au Prince quand deux de fes fujets fe querellent, que ce foit l'un ou l'autre qui ait raifon ? Trop éloignés trop élevé pour prendre intérêt à leur différend, il laiffe volontiers à la confcience du Juge & à fes lumières tout le tems & toute la liberté dont il peut avoir befoin. Mais qu'on me nomme une

Démocratie où le peuple fache fe défendre
du defir d'intervenir dans les jugemens, de
les diriger, de les dicter; où il ne fe ferve
tout au moins du pouvoir qu'il a d'influer fur
les Juges par l'efpérance ou par la crainte ?
Heureux encore s'il s'en tient à ce moyen,
tout funefte qu'il eft ? Heureux s'il eft affez
fage & affez vertueux pour refter à cet égard
dans les bornes d'une certaine modeftie ?
Mais la pente du cœur humain n'a pas de quoi
raffurer ici ceux qui l'ont étudiée. Au fond,
le pouvoir de juger eft de tous ceux qui peuvent être confiés à des hommes celui qui affecte
le plus puiffamment l'intérêt privé, celui par
lequel ont fent le mieux l'empire d'autrui;
& il n'y a qu'une vertu rare, une grande
connoiffance de nos vrais intérêts qui puiffe
nous défendre de la tentation de nous faifir
de ce droit dangereux quand nous croyons
voir qu'il eft en quelque forte fous nos mains.

CHA-

CHAPITRE QUATRIEME,

Suite.

JE n'ai rien dit jufqu'ici des affaires criminelles en particulier, & ce font cependant celles de toutes qui mettent le plus en jeu les paffions du peuple, & que fes préventions lui
permettent le moins de juger fainement. Son
indulgence ou fa févérité font toujours prifes
dans fon cœur, & jamais réglées fur les principes du droit & les vrais intérêts de la fociété. Le peuple eft jufte fans doute à l'ordinaire dans fes intentions, mais il eft mal
informé, il n'examine point avec affez de
fang froid & de patience. Il eft naturellement jufte, j'en conviens encore, mais c'eft pendant qu'il conferve ce fentiment précieux de
droiture, de pudeur & d'honnêteté avec lequel on affure que nous fommes nés; c'eft
pendant que fes mœurs reftent fimples & pures, pendant qu'il eft animé d'un patriotifme
éclairé. Et que fera-ce fi la profpérité, le luxe
le corrompent, fi la cupidité ou l'envie deviennent fes vices dominans, fi, comme il eft

D

inévitable dans les Démocraties toujours divi-
fées, l'efprit de parti, cette paſſion qui les renferme toutes agite tous les Citoyens, leur fait
confondre toutes les idées des chofes, enve-
nime, & déprave tous leurs fentimens ?

En voilà trop peut-être pour établir des
vérités fi évidentes : On peut, fans un grand
effort de génie, deviner que l'adminiſtration
de la juſtice doit être la partie foible des gouvernemens Démocratiques. Et l'expérience a
confirmé dès longtems qu'elle en étoit en
effet trop fouvent l'opprobre & le fléau. Mais
fi tous ces Etats ne vont pas fe brifer contre
cet écueil, c'eſt que tous ne font pas également
ment fragiles. Il en eſt où les hommes font
fi fort rapprochés de l'état de nature que
fes loix & fa fimplicité peuvent leur fuffire. Dans d'autres au contraire la juſtice ne
fauroit fe corrompre fans que toute forte de
corruption ne foit la conféquence de celle-là ,
fans qu'on y voye s'introduire & s'accroître
par degrés la licence, l'infidélité, la confufion, les inimitiés particulières, les diſſentions
civiles, & ce qui ne peut qu'être le réfultat
de toutes ces chofes, le mépris des étrangers,
la perte des reſſources les plus eſſentielles de

la nation , & la ruine du crédit particulier &
public.

Nous n'aurons pas moins de raisons de
nous convaincre que la Démocratie , telle
que nous l'avons décrite , ne sauroit nous
convenir si passant du pouvoir de juger à
celui de faire les loix , nous examinons de
quelle manière ce pouvoir s'exerce sous cette
forme de gouvernement , & quels effets en
résulteroient chez un peuple constitué comme
nous le sommes.

C'est un des attributs propres à la Démocratie que le peuple y fasse ses loix
immédiatement & par lui-même. Ordinairement chaque Citoyen a le droit de proposer à cet égard ce qui lui plaît dans les assemblées , soit générales , s'il y en a de cette espèce , soit particulières , si l'usage est que le
peuple s'assemble par divisions ou par tribus.
On y délibère de ces propositions , & la plura-
lité en décide. Quelquefois le concours du
Sénat est nécessaire , souvent on s'en passe ,
ou ce qui revient au même , on a quelque
moyen de lui arracher un consentement appa-
rent. Toutes ces variétés & d'autres que je

pourrois alléguer ne font pas eſſentielles. Ce qui l'eſt, ce qui caractériſe le gouvernement dont nous ne voulons étudier ici que les effets, c'eſt que la partie du peuple qui eſt hors de l'ordre de la Magiſtrature puiſſe faire par elle-même telle loi qui lui plaît, au lieu que dans les gouvernemens Républicains tempérés, il faut pour compoſer, changer, ou abroger les loix, le concours réel & libre d'un Sénat qui ait examiné, peſé, & approuvé tout ce qui eſt porté au peuple dans ce genre pour recevoir ſa ſanction.

C'eſt ſurtout à propos de cette manière de faire les loix dans les Démocraties que les politiques déja cités avoient raiſon d'exiger du peuple qui vouloit l'admettre, une *grande ſimplicité de mœurs, des fortunes égales & très-bornées, des paſſions calmes, des intérêts peu compliqués au dedans, une grande ſureté au dehors.*

En effet toute aſſemblée nombreuſe eſt incapable par ſa nature d'examiner régulièrement une affaire difficile & qui préſente pluſieurs faces à conſidérer. Elle l'eſt à plus forte raiſon quand le grand nombre de ceux qui la compoſent ſont des hom-

mes néceffairement peu exercés à cette forte
de travail de l'efprit. Cés vérités font avouées
de tout le monde & des nations mêmes les
plus éclairées & les plus fpirituelles. Il faut
donc tout au moins qu'une pareille affem-
blée, quand elle s'occupe d'objets auffi compliqués que le font ceux de la Légiflation,
foit compofée d'hommes d'un grand fang
froid, à qui le calme de leurs paffions, &
une certaine docilité naturelle permettent
d'opérer avec quelque ordre, & de fe diriger par les plus fages avis. Que fi à cette
première condition le peuple joint les autres
que nous avons exigées il pourra fouvent faire
par lui-même des loix très-bonnes, & quand
il lui arrivera d'en faire de mauvaifes, fa
vertu & la force de fa conftitution les corri-
geront, ou en détourneront les fâcheux effets.

Un pareil peuple pourra encore éviter de
faire de mauvaifes loix, parce que la fimplicité
de mœurs que nous lui avons fuppofée lui permet de ne faire que rarement des loix, &
que l'objet de ces loix eft ordinairement
fort peu compliqué. Des hommes tout occupés de leurs champs ou de leurs trou-

peaux n'ont à ſtatuer que ſur des choſes
que tout le monde peut entendre ; tous ont
bientôt démêlé ce que l'intérêt général exige
dans des cas de cette eſpèce , & une heureuſe
ignorance les préſerve de ce deſir funeſte
de faire briller de l'éloquence , de la ſubti-
lité , ou du ſavoir dans les choſes qui ne
demandent que du bon ſens & de bonnes intentions.

Enfin ſi l'exercice de ce droit légiſlatif
immédiat agite cependant , comme il eſt
inévitable , le peuple que nous ſuppoſons ;
s'il lui arrive de ſe diviſer , de ſe heurter pour
ſoutenir , changer , abroger les loix ; tous
ces chocs iront ſe terminer dans une enceinte inacceſſible aux étrangers , & la République défendue par leur indifférence , ou par
ſa ſituation reſtera comme un rocher immo-
bile au milieu des flots.

Obſervez encore que cette même ſimplicité
de mœurs préviendra chez ce peuple les ſui-
tes que les diſſentions produiſent néceſſaire-
ment ſur des hommes ſenſibles , fiers & extrêmes : Dans ces Républiques montagnardes ,
paſſez-moi ce terme , les ſcènes violentes que
produiſent les diſcordes civiles affectent bien

moins les ames que chez des nations civili-
fées jufqu'à la molleffe. Dans les premières on
reçoit plus de mal phyfique avec beaucoup
moins de mal moral. Les bleffures qu'on y
reçoit fe cicatrifent bientôt. Dans celles-ci au
contraire tout eft extérieurement affez paifi-
ble ; mais c'eft les cœurs qui font bleffés, &
ces playes profondes & cruelles ne font que
trop fouvent incurables.

Mais nous qui fommes fi loin de reffembler
à un peuple fimple & ruftique, de quels évé-
nemens ne ferions-nous pas les témoins fi nous
voulions nous gouverner par fes ufages ?
L'exercice immédiat du pouvoir légiflatif exige des ames froides & calmes, avons-nous
dit, & avec cela même il n'eft fouvent qu'une
fource de défordres & de diffentions. Que
n'en auroit donc pas à attendre un peuple
doué d'une difpofition trop bien prouvée à
prendre feu fur les plus légers fujets, d'une
impatience qui s'irrite de la moindre contra-
diction, d'une infléxibilité qui ne lui permet
jamais de revenir d'un tort, & de fe prêter
à une façon de voir & de fentir différente de
la fienne? Comment concilier cet ufage avec
l'habitude où eft chacun de nous de croire

qu'il eſt fait pour gouverner les autres , & que la fortune lui a fait une injuſtice en lui refuſant les rênes de l'Etat ? Pouvons - nous de bonne foi nous diſſimuler que nos paſſions ne ſoyent extrêmement actives , extrêmement promptes à s'allumer ? Et cela ne doit - il pas être partout où elles ſont peu contenues , partout où la liberté de penſer eſt auſſi illimitée , où le reſpect de la religion , la ſainteté du ſerment ont perdu de cette force qu'on ne remplacera jamais , & qu'on regrettera trop tard ; partout où la jeuneſſe eſt peu contenue , peu diſciplinée , où pluſieurs des arts qui s'y exercent la rendent trop tôt indépendante, où le pouvoir paternel eſt affoibli , où nulle inſtitution ne tend , comme dans les anciennes Républiques , à inſpirer de bonne heure de la vénération pour les anciens uſages & pour les vieillards ; partout enfin où chacun acquiert à peu de fraix ces connoiſſances imparfaites & ſuperficielles , ce demi-ſavoir qui ne ſervit jamais qu'à rendre indocile , opiniâtre , ſophiſte , diſputeur & préſomptueux.

Ajoutez que les paſſions ſont excitées & entretenues à Raguſe par diverſes cauſes incon-

nues , ou peu actives dans d'autres Républiques. Ici la nation peut être partagée en deux
claffes, dont l'une poſsède des richeſſés , l'autre s'occupe à en acquérir ; l'une veut jouir ,
l'autre épargner ; l'une eſt bleſſée de tout ce
qui contraint ſes goûts , l'autre de tout ce
qu'elle voit ſans pouvoir l'imiter ; l'une eſt
toute prête à ſuppoſer que l'opulence eſt un
mérite; l'autre ſe perſuade preſque qu'elle eſt un
tort. Delà ces deux tendances oppoſées , l'une
à la frivolité & au relâchement des mœurs,
l'autre à une ſévérité jalouſe & chagrine. Delà
ce combat continuel entre la vanité & l'envie ,
combat qui tient toutes les autres paſſions
dans une tenſion perpétuelle. Il eſt vrai que
ce combat ſe livre partout où il y a des riches
& des pauvres ; mais combien n'eſt - il pas
moins dangereux & animé dans les Etats
Monarchiques ? Contenue par la barrière inſurmontable de l'autorité l'envie n'oſe dans
ces Etats ſe venger que par des murmures ,
des épigrammes , ou des couplets. Mais dans
les Républiques où chaque Citoyen poſſeſſeur inquiet du beau droit de l'égalité ſe
meſure ſans ceſſe avec tout autre ; dans les
Républiques où tous ſont ſous les yeux de

tous , dans les Républiques où la vanité humiliée prend d'abord le masque de l'amour de la liberté , l'envie trouve presque tous les cœurs accessibles à son redoutable poison , il y exerce impunément ses ravages , il en aigrit tous les sentimens, & en corrompt les vertus mêmes. Passion basse & féroce dont il ne résulte que du mal , & qui semblable à ces insectes que leur instinct guide vers les plantes les plus vigoureuses , s'attache aux Républiques les plus florissantes, & les fait subitement sécher & tomber au moment de leur plus grande prospérité !

Si ces passions ont de la force dans l'individu, combien n'en acquéront-elles pas davantage lorsque tant d'hommes rapprochés se communiquant leur chaleur , & brisant le frein de cette timidité qui contient l'homme isolé , seront nécessairement enhardis à leur donner une libre carrière ? Delà cet état de fermentation qui exclut tout examen , qui obscurcit toutes les lumières & précipite toutes les décisions. Par quel prodige des loix nées du choc de tant de passions auroient-elles ce caractère de sagesse , de modération, d'impartialité , cette prévoyance , ces ménagemens

qu'exigent la pofition des Citoyens de Ragufe, leur caractère, leur vivacité, leurs befoins;
en un mot, tout le fyftême compliqué de
leurs divers intérêts ? Comment l'humeur,
l'envie, l'efprit de parti, la haine, la ven-
geance ne joueroient-elles pas leur rôle à la
faveur de cet état de trouble où tous les objets
fe confondent comme dans une eau violem-
ment agitée ? Or qui ne fait que l'effet naturel des loix dictées par la paffion eft de
l'aigrir & de l'allumer ? Qui ne fait qu'un
parti qui triomphe fans ménagement d'un autre parti lui donne encore plus de reffenti-
ment qu'il ne lui ôte de forces ? Il n'y auroit
donc jamais de calme dans la République, &
les tumultes, les factions, les orages s'y fuc-
céderoient fans ceffe. Qu'on ne dife point que
je charge les couleurs de ce tableau. Ce n'eft
point moi qui parle ici ; ce font les Politiques
de tous les tems, les Hiftoriens de toutes les
Républiques (*). » Nul gouvernement n'eft
» fi fujet aux guerres civiles & aux agitations
» inteftines que le populaire, dit le Philofo-
» phe de Genève, parce qu'il n'y en a au-
» cun qui tende fi fortement & fi continuel-

(*) Contract focial.

» lement à changer de forme. La maladie
» des Etats Monarchiques, dit *Harrington*,
» est une fièvre lente qui les mine insensible-
» ment, celle des Etats populaires est une
» fièvre chaude qui les détruit dans quelques-
» uns de ses accès. «

Presque tout ce que l'on vient de lire s'applique également aux autres objets du gouvernement, & vous trouverez que les intérêts
étrangers de la République ne seroient pas
moins exposés que ses intérêts domestiques
sous une Démocratie non restreinte, si vous
voulez y donner un moment d'attention.

Sans entrer dans un examen hors de sai-
son de la position de Raguse vis-à-vis des
étrangers, on se persuadera, je crois, sans que
j'aye besoin d'en fournir la preuve, que cette
position est telle qu'elle exige une conduite très-
circonspecte, non-seulement en tout temps de
la part du gouvernement, mais très souvent
aussi de la part de chacun de ses citoyens.

Je demanderai donc d'abord au premier
égard si l'on croit que cette circonspection
& ces ménagemens sont analogues au génie
des conseils nombreux & souvent tumultueux
des Démocraties? Si on peut les attendre

d'un •Sénat entiérement foumis à l'influence
de la multitude dont les opérations dans
les tems critiques manqueront toujours par
cela même, ou de fecret, ou de diligence, ou
de prudence, ou de vigueur. *Il faut*, dit
Montefquieu, *que les affaires aillent un certain
mouvement qui ne foit ni trop lent, ni trop
vite, mais le peuple à toujours trop d'action,
ou trop peu. Quelquefois avec cent mille bras
il renverfe tout, quelquefois avec cent mille
pieds il ne va que comme les infectes.*

L'hiftoire nous offre en effet plus d'un exemple de Républiques où le peuple fe faifoit rendre compte dans fes affemblées de toutes les
affaires étrangères, & en décidoit enfuite à fon
gré. Elle nous apprend auffi ce que produi-
foit ce genre d'adminiftration. Nous ne voulons point accumuler ici les autorités ni les
exemples. Il eft plus conforme à notre plan de
n'en prendre que le réfultat, & cela eft d'autant
plus aifé dans cette occafion que prefque
toutes ces Républiques femblent avoir en cela
fuivi la même route & être arrivées par la
même progreffion à la même fin. Dans la première vigueur de leur inftitution, pendant

que le souvenir des fers qu'on avoit brisés
étoit encore récent, on voit, je l'avoue, ces
assemblées populaires dociles aux avis de
l'expérience, contenues par le patriotisme &
la vertu ne sentir leur force que pour prendre des résolutions courageuses & cependant
toujours sages. Mais bientôt après les succès,
la sécurité, cet égoïsme dans lequel les
hommes retombent sans cesse font éclorre
chez le peuple une foule de passions petites
& grandes qui intervertissent tout l'ordre de
ses opérations. Bientôt le droit d'être consulté
sur toutes les affaires au lieu d'élever l'ame
du citoyen ne sert qu'à l'énorgueillir & à l'en-
yvrer. Il n'y cherche plus que la satisfaction
de son amour-propre, & il lui semble que
c'est se laisser ravir ce droit que de se laisser
diriger. Chaque citoyen veut jouer un role, &
rejette l'avis d'autrui par la seule raison qu'il
n'est pas le sien. Enfin on en vient à vouloir à tout prix se mettre à la tête du gouvernement, & pour se faire un parti tous
les moyens paroissent légitimes: Ici on séduit
la multitude par des mensonges & des flateries,
ailleurs on l'achète. Dans d'autres Etats la

violence & l'emportemeut produifent le même
effet, car le génie divers des peuples fait
varier les moyens' de, les mener, mais le
réfultat eft enfin le même. L'intérêt des factions prévaut fur tous les intérêts, il entraine
tous les fuffrages dans les affemblées, il y
dicte les traités, il y fait la paix & la guerre,
& l'Etat toujours facrifié à des vües privées
marche cependant à grands pas & arrive enfin néceffairemenr au dernier terme de fa
ruine. C'étoit là où en étoit le peuple le plus
célébre de la Grèce, (les Athèniens) lorfque
enorgueilli par fa profpérité, & féduit par
des flateurs qui le corrompoient pour l'affer-
vir il fe fut perfuadé fur leur parole qu'il
étoit fait pour traiter de toutes les affaires,
& qu'il voulut être à la fois le Monarque
& le Miniftre (a). Dans le tumulte de fes
affemblées fes paffions toujours en mouvement le portoient fans ceffe d'une extrêmité à l'autre ; on ne vit plus ni fyftême

(a) *Dans les Démocraties où le petiple eft le Monar-*
que, obferve encore l'homme illuftre que nous ne
faurions trop confulter, *il a befoin, autant que les Mo-*
narques & même plus qu'eux, de fe laiffer conduire
par un Confeil ou Sénat. Efprit des Loix L. II. Ch. 2.

dans fa conduite, ni fuite dans fes opérations. Les Magiftrats n'eurent plus d'autre
parti à prendre que de céder au torrent de
la paffion du moment, ou plutôt il n'y eut
plus de la Magiftrature qu'une vaine ombre
dans une ville où chacun vouloit gouverner
& perfonne obéir. » Cette République, di-
» foit alors le fage *Polybe* » eft aujourd'hui
» un vaiffeau que perfonne ne commande,
» ou dans lequel tout le monde eft le maî-
» tre de la manœuvre. Les uns veulent con-
» tinuer leur route, les autres aborder
» au prochain rivage. Ceux-ci refferrent leurs
» voiles, ceux-là les déployent, & dans cette
» confufion le vaiffeau qui vogue fans deftina-
» tion au gré des vents eft toujours prêt à
» fe brifer contre un écueil. «

A Dieu ne plaife que jamais Ragufe reffem-
ble à aucune de ces malheureufes Républiques. Non je ne penfe pas même que la
chofe foit poffible. Ses citoyens font trop
fages pour facrifier à une fatisfaction courte &
trompeufe les intérêts d'une Patrie qu'ils ont
tant de raifons d'aimer. Mais que ceux qui
par un enthoufiafme trop commun aujourd'hui,
voudroient tout attribuer au peuple, fe per-

fuadent

füadent bien que le moment où leurs vœux
feront exaucés fera la première époque de fa
corruption & de fa décadence : Qu'ils fachent
que confier au peuple le plus fage l'exercice
de tous les pouvoirs, l'appeller à traiter de
toutes les affaires, l'entretenir dans l'idée
qu'il eft fait pour en décider, & que fa fonc-
tion naturelle eft de diriger ceux que lui-même a établis pour le diriger, lui faire oublier
enfin qu'il y a un genre de capacité qui lui eft
propre, celui de fe choifir fes guides, & un
autre qu'il ne fauroit avoir, celui de traiter &
de difcuter les affaires particulières, c'eft le
flatter pour le trahir : c'eft le mettre dans l'in-
difpenfable néceffité de faire des fautes toujours plus ou moins fatales à fes vrais intérêts ;
c'eft lui faire perdre les véritables notions de
l'égalité, celles de fa deftination, celles de
l'ordre, & par cela même toute tranquilité &
toute vertu.

Vous prétendrez peut - être que dans les
tems ordinaires le peuple auroit le degré de
capacité fuffifant pour la direction génerale
des affaires, & que dans les tems difficiles,
il fauroit bien s'en rapporter aux avis des
perfonnes les plus fages & les plus expéri-
mentées.   E

Je réponds avec de bonnes autorités que cela n'est point dans la nature humaine , & l'Histoire des Républiques est bien loin de nous donner lieu de le penser. Un peuple qui est une collection d'hommes est fait à cet égard comme un seul homme ; accoutumé dès longtems a être le maître il ne redevient pas volontiers le disciple. Il ne passe pas dans un jour de la jalousie à la confiance , de la présomption à la docilité. C'est une trop douce habitude que celle de dicter des loix, de faire craindre ses volontés. On a vû des peuples s'exposer à périr plutôt que de suivre les avis d'un homme dont ils étoient devenus jaloux. On sait le traitement que reçut à Carthage le seul de ses Citoyens qui pouvoit la sauver. Et d'ailleurs quand la Démocratie a été portée au point dont je parle ici, le Sénat ne jouit plus d'une assez grande considération pour regagner un certain degré de confiance. Peut-être aussi qu'il ne la mérite plus. Le peuple l'a formé lorsqu'il se croyoit dans une parfaite sûreté. Il en a éloigné tous ceux qui ne faisoient pas une profession publique d'être dévoués à toutes ses volontés. Des tems orageux succédent, mais le mal est fait ; il ne lui reste pour guides que des complaisans fort exercés sans doute dans la misérable politique des intrigues du dedans, mais par cela même très-neufs & très-ineptes pour celles du dehors.

Dans ces circonstances une nation reconnoît trop tard que si la popularité est un mérite dans le Magistrat, elle n'est pas le mérite unique. Elle regrette d'avoir tenus éloignés des premières places les Citoyens que leur éducation, leur fortune, ou leur génie mettoient le plus à portée de procurer au dehors des amis puissans à la République, de connoître les intérêts, la politique des étrangers rélativement à elle, les usages des Cours, la manière dont les affaires s'y traitent. Elles se rappelle avec regret les bons offices qu'ont rendus au public & aux particuliers de cet ordre, dans un tems où supérieure aux mouvemens de la jalousie, elle leur donnoit avec plaisir sa confiance sans écouter les insinuations de ces hommes toujours trop nombreux dans les Républiques, dont les foibles yeux sont blessés de tout ce qui a un certain éclat.

Tels sont les effets ordinaires de la Démocratie pure rélativement au ménagement des intérêts étrangers d'une nation. Plus ces intérêts exigent une main habile, prudente, quelquefois ferme, toujours fage & adroite, plus aufli vous voyez que le choix de ceux à qui vous les confiés doit être dirigé par un autre efprit. Plus vous avez befoin de ferviteurs fidèles & intelligens, plus vous devez les récompenfer & les honorer. Cette règle eft fans exception. Mais fera-ce l'attrait de l'intérêt qui les engagera à fe dévouer à vous ? A Dieu ne plaife que vous ayez jamais recours à ce funefte moyen qui ne peut aller qu'à fin contraire, & que les Républiques fages ont toujours rejetté. L'intérêt attachera fans doute un Magiftrat à fa place, mais non point à fes devoirs. Il l'engagera à vous fervir quand ce fera le moyen de vous plaire, & plutôt que de vous déplaire à vous trahir. En un, mot, il vous procurera des valets rampans & jamais de folides amis. Si vous en voulez de tels, le falaire qu'il faut leur affurer c'eft du fupport, de la confiance, de l'affection, du refpect. Il en eft à cet égard des Républiques comme des Monarchies. Le Miniftre intéreffé facrifie tout au defir de garder la place

lucrative qu'il occupe. Mais le généreux *Sully*
dont l'honneur , le bien public , l'amour de
fon maître étoient la feule récompenfe , ne
craignoit pas même de l'offenfer pour remplir
fon devoir. Heureux le maître qui mérite de
pareils ferviteurs , & qui fait bien fe dire qu'il
s'honore lui-même en les honorant !

J'ai dit que la pofition de Ragufe demandoit de fon gouvernement une conduite cir-
confpecte & mefurée ; j'ai ajouté que chacun
de fes citoyens n'y étoit pas moins tenu pour
la fureté & le bonheur de la République
entière. C'eft ce qu'il nous refte à déveloper
à préfent & cette tâche n'eft pas difficile:
En effet fi le premier vœu de nôtre politique doit être d'infpirer aux nations voifines
de l'eftime & de la bienveillance pour nous ;
fi nous devons afpirer à leur faire aimer , ou
du moins à leur faire voir avec plaifir
notre indépendance, nôtre bonheur ; fi c'eft
dans ces difpofitions de ceux qui les gouver-
nent que nous devons chercher nôtre force,
nôtre fureté, la continuation des avantages
les plus précieux dont nous jouiffons ; combien ne feroit-il pas à craindre que la Démocratie ne nous éloignat de ce but ? Il eft

fans exemple, que lorfqu'elle fe joint à un
certain degré de profpérité & de fécurité
elle ne donne à la partie la plus nombreufe
d'un peuple un caractère fougueux, arrogant,
audacieux; qu'elle ne lui infpire une forte
d'yvreffe durant les accès de laquelle pre-
nant fon infolence pour des forces elle va
fouvent imprudemment heurter des hommes
qu'une fecrete envie n'a peut être déja rendus que trop fenfibles & trop ombrageux.
Ce penchant eft tellement fondé dans la
nature humaine qu'il ne faut pas fe flatter
d'échapper à fon empire. Et que fera - ce fi
d'autres circonftances fe joignant à celles - là
difpofent encore un peuple à abufer de la
Démocratie. Je l'ai dit; & il faudra que je
le répète fouvent, parceque c'eft une des
grandes fources de nos maux & la plus difficile à tarir. Nos mœurs ne font qu'en partie a nous. Celles des nations étrangères y
dominent: Nous ne l'empêcherons jamais.
Nous les apportons nous - mêmes du fein
de leurs capitales où nous les allons puifer
fans ceffe; il les apportent auffi eux - mêmes
continuellement chez nous, & s'il eft per-
mis de parler ainfi, elles nous environnent

& nous pénétrent de toutes parts. Or à sup-
pofer que ces mœurs puiffent jamais s'accommoder de la pure Démocratie, je crains fort
que ce ne foit qu'en la rendant turbulente,
vicieufe & déréglée. Ce qui me le perfuade
c'eft la diftance immenfe qu'il y a à cet égard
de nous aux peuples qui la fupportent &
que nous avons déja décrits. Ils ont une
certaine fimplicité ruftique, une certaine gra-
vité: Ils vivent dans une ignorance de je
ne fais combien d'arts, de plaifirs & de cor-
ruptions qui fe font multipliées chez nous: la
modération n'eft pas feulement dans leurs
têtes, elle eft dans leur fang. Avec ces ima-
ginations froides & peu mobiles on conferve
l'ordre par gout & par habitude, fi vous
voulez même par indolence. La loi eft
écrite en caractères durables dans des
ames fermes qui ne connoiffent pas plufieurs manières d'être. Qu'il y a loin de
là à une jeuneffe qui va & revient fans ceffe
prendre & donner des leçons de légéreté,
d'indifcretion & de licence; qui a appris à
difputer, à fophiftiquer fur tout, à douter
de tout excepté de fes lumières ? Qu'il y a loin
de là à ces recrues de Grecs qui renouvellent

continuellement nôtre peuple, & qui accoutumés dans les provinces voisines au joug des
Bachas croyent que la où il n'y a plus de
Bachas il n'y a plus ni maître ni règle :
En effet ils font presque toujours les premiers à confondre la liberté avec la licence.
Cette liqueur nouvelle pour eux les enyvre
bientôt. Un caractère inquiet, subtil, con-
tentieux, extrême est un des fruits de leur
climat qu'ils ont transplanté & malheureuse-
ment trop bien multiplié dans le nôtre.
Un gouvernement sage, respectable & bien
affermi peut donc seul prévenir des désordres
& des chocs que le concours de tant de causes rend si probables, & que la foiblesse de
l'Etat peut rendre si dangereux.

Sans ce frein la licence se reproduiroit sans cesse
sous mille formes différentes. On ne verroit aucune fin aux prétentions de tous genres que chaque jour feroit éclorre. A force de droits, de
loix, d'interprétations, de dissertations & de
délibérations, à force d'esprit & de savoir on ne
s'entendroit plus, on ne s'accorderoit sur rien.
Tout deviendroit un problême & une question, & il seroit bien à craindre qu'on ne
réussit même enfin à ne plus savoir discerner

les limites des choſes permiſes , & de celles
qui ne le ſont pas , & qu'à l'abri du ſophiſme
& de la confuſion de toutes les idées , l'on
ne vit s'établir *l'impunité , ce ſymptôme ſi certain d'une République dont la corruption eſt déja
bien avancée.* J'ai parlé déja de tous les maux
qu'elle produiroit dans le ſein de l'Etat ; mais
je ne dois pas omettre qu'elle accéléreroit encore ſa perte en le rendant l'objet du mépris
des étrangers : car on ne peut le nier , une
Démocratie mal réglée comme elle le devient tôt ou tard chez un peuple qui n'y eſt
pas propre , offre le plus ridicule des ſpecta-
cles quand il n'en eſt pas le plus odieux. Il eſt
vrai qu'une grande & puiſſante nation peut
faire rire impunément l'Europe entière par
ſes travers & ſes folies , mais un petit Etat
perd infiniment en perdant ſa réputation. Le
mépris des autres eſt d'autant plus accablant
pour lui qu'il n'eſt pas aſſez fort pour faire
ſeul une ſecte , & qu'en qualité de petit il
n'eſt déja que trop près du ridicule. Mais
quelque près qu'il en ſoit , il peut mériter
l'affection , le reſpect & l'envie même de ſes
voiſins quand la probité , la ſageſſe , la modeſtie ſont des vertus communes chez ſes habi-

tans, quand on les voit prendre & garder l'esprit de leur situation, & savoir jouir de leur bonheur sans inquiétude & sans insolence ; leurs Magistrats même, quelque borné que soit leur pouvoir, s'attirent la vénération des étrangers quand leurs Concitoyens en donnent l'exemple, quand ces étrangers voyent qu'une justice impartiale & incorruptible, une police vigilante, l'abondance, la bienfaisance, la vertu président à l'administration, ou en font les fruits.

Ajoutez que, si, comme nous l'avons déja dit en citant le célèbre *Rousseau*, nul gouvernement n'est plus sujet que le Démocratique aux agitations intestines & aux guerres civiles ; ce danger si grand pour l'extérieur peut encore attirer du dehors les accidens les plus funestes à la République. Il se passe souvent des scènes orageuses de ce genre dans les petites Démocraties qui composent en partie les ligues des Suisses & des Grisons, mais elles y résistent aisément. Faut-il en être surpris ? A peine hors de l'enceinte des Alpes quelque Nouvelliste curieux en est-il informé ? Leurs voisins même d'Italie ou d'Allemagne les ignorent ; & c'est cette indifférence des étrangers qui fait la fauve-garde de ces petits Etats dans des momens de trouble & par conféquent de foibleffe, où il eft fi aifé de devenir la proye d'un voifin que l'occafion tente, ou que le parti opprimé implore dans fon défefpoir. Pour nous dont la petiteffe fe feroit fi bien accommodée de plus d'obfcurité, devenus plus célèbres encore par nos malheurs que par notre mérite, liés avec plufieurs nations par des rélations de tout genre, placés fur les frontières de trois grands Etats, nous ne fçaurions efpérer de nous dérober auffi facilement à des regards bien ou mal-veillans. Nous ferons même malgré nous, un objet d'intérêt & de curiofité, & cet intérêt refteroit-il toujours oifif quand on nous verroit fans ceffe aux prifes ; quand il feroit bien connu qu'il y a conftamment dans le fein de cet Etat un ordre confidérable de mécontens? Je laiffe & doit laiffer ici au Lecteur le foin de développer & de pouffer plus loin cette réfléxion : Il en tient le fil, il n'a qu'à le fuivre. Concluons en difant que quand le gouvernement Démocratique ayant formé & échauffé deux ou plufieurs partis parmi nous, y auroit fixé par cela même un état habituel de défordre, d'agitation, de défunion ; quand par un autre effet immédiat de celui - là il auroit longtems miné les fondemens de notre prospérité, desséché nos ressources, empoisonné toutes les douceurs de notre vie, imprimé à la nation une flétrissure aux yeux des étrangers, perverti son caractère en lui donnant l'habitude de la contestation, de la dureté, de la haine ; quand enfin il auroit éteint tout patriotisme, & rendu la liberté même odieuse,(excepté au petit nombre d'hommes violens qui opprimeroient les autres en son nom,) alors, si pourtant alors la République n'étoit pas déja comme détruite par les propres mains de ses Citoyens. . . . .

Mais on m'arrête ici : On m'accuse d'aller trop loin, & peut - être de chercher à rendre la Démocratie odieuse en exagérant ses dangers. On s'offense même de mes suppositions. Je vous entends mes Concitoyens : Vous pensez être un peuple trop civilisé, trop modéré, trop sage pour que votre vertu ne soutint pas avec succès l'épreuve à laquelle ce gouvernement l'exposeroit. Qui est plus persuadé que moi de vos bonnes intentions ? Qui est plus disposé que moi à ne jamais douter de votre vertu ? Mais puis - je aussi oublier que vous n'êtes cependant que des hommes ? Puis-je vous dire de bonne foi que vous *êtes ce peuple de Dieux auquel seul la Démocratie peut convenir*, suivant la pensée d'un beau génie né dans le sein d'une République telle que la vôtre (*) ? Vous êtes sages, je l'avoue, quand vos passions sont tranquilles ; mais pouvez-vous ignorer avec quelle facilité elles s'allument, & à quel excès elles peuvent se porter ? Vous êtes sages, je l'avoue encore, & je prends plaisir à le répéter ; mais d'autres peuples qui l'étoient aussi n'ont pû défendre longtems leur vertu contre l'yvresse qu'inspire nécessairement la jouissance d'un pouvoir trop illimité. Quelle ne seroit donc pas l'imprudence de s'obstiner à aller chercher le bonheur & la gloire là où les peuples qui vous ressemblent le plus n'ont trouvé constamment que le trouble , les humiliations & les disgraces ?

Mais pendant que ma sincérité offense peut-être les admirateurs de la Démocratie, j'excite les ris moqueurs , mais secrets de quelque Politique rusé qui la craint plus que moi.

(*) Voyez Rousseau , Contract social , L. III, ch. 4.

» A quoi bon ; me diroit-il s'il l'ofoit ; tous
» cet appareil d'exemples & de raifonnemens
» contre le gouvernement populaire ? Penfez-
» vous que le torrent qui y porte une na-
» tion ; lorfqu'il a pris une fois une certaine
» force , puiffe être arrété dans fon cours par
» de vains raifonnemens ? Triompha-t-on ja-
» mais des paffions de la multitude avec les
» armes du raifonnement. ? Vaine réfiftance
» qui ne feroit qu'irriter fa paffion fi elle la
» fentoit , mais elle eft même loin de la fen-
» tir : Le vrai, l'unique remède de la Démo-
» cratie eft dans la Démocratie elle-même. Il
» faut l'avoir éprouvée pour la connoître ;
» & la connoître pour la craindre & la haïr.
» S'il arrivoit jamais qu'elle s'établit à Ra-
» gufe , ne vous en allarmez point : Cet Etat
» renferme dans fon fein des principes avec
» lefquels elle ne peut fe concilier longtems.
» Après avoir fait l'expérience de tous les
» chocs que cette incomptabilité produiroit
» inévitablement , après avoir vû qu'il n'y a
» dans cette manière d'être rien à gagner
» pour aucun individu , & tout à perdre
» pour l'Etat ; après s'être laffé d'un Empire
» imaginaire , & de tant de troubles , de

» confufion, de misères trop réelles, la par-
» tie faine du peuple revenant de fon en-
» thoufiafme en renverferoit elle-même l'ou-
» vrage en le déteftant: Et ce feroit alors,
» & feulement alors que devenue docile à
» des avis confirmés par fa propre expérience,
» vous la verriez embraffer enfin avec affec-
» tion le feul régime, les feules maximes de
» gouvernement qui puiffent lui convenir. «

Ce peut être là le fyftême & la marche
d'une profonde politique. Je ne m'y entends
point affez pour en juger : mais ce que je
vois, c'eft que ce ne peut être ni le fyftême
ni la marche d'un bon Citoyen. J'en conviens
avec vous, répondrois-je à ce Machiavellifte,
fi j'ofois converfer avec lui. Le meilleur remède de la Démocratie eft en elle-même, &
ceux qui defirent l'Ariftocratie la plus entière,
ceux qui foupirent après le moment de l'affer-
viffement de leur patrie doivent voir avec
joye leurs Concitoyens fe précipiter vers un
extrême qui mène naturellement à l'extrême
oppofé. Mais loin de nous cet indigne & cou-
pable projet avec tous les moyens qui peuvent
y conduire. Nous ne voulons que la liberté
& le bonhenr de notre patrie, & c'eft pour

cela que nous avons un égal éloignement pour tous les excès ; c'eſt pour les éviter que nous recommandons, que nous conjurons qu'on s'applique à les bien connoître. C'eſt pour en détourner nos Concitoyens pendant qu'il eſt tems encore, que nous oſons les leur peindre avec des couleurs ſi naturelles, au riſque d'être de deux côtés les victimes des préjugés & des paſſions que nous aurons offenſés. Mais vous qui attendez avec tant de patience que nous ſoyons jettés de l'un à l'autre rivage, avez-vous donc oublié quelle eſt notre fragilité ? Penſez - vous que nous ſoyons faits pour ſoutenir tant de chocs & de ſecouſſes contraires ? Et que deviendroient durant toutes ces agitations le crédit, le commerce, les manufactures qui font notre reſſource ? Que deviendroient notre repos, notre bonheur dans une ſituatiou auſſi incertaine, auſſi pénible ? Peut-on tranquillement tenter de recourir à un remède violent qui expoſe le malade au riſque d'une mort cruelle, & ne le ſauve, s'il le ſauve, qu'en lui cauſant mille tourmens ?

A Dieu ne plaiſe qu'il y ait perſonne parmi nous qui ſe faſſe un plaiſir cruel de

flatter

flatter des penchans qu'un peuple ne fatisfait
jamais que pour fon malheur, d'applanir,
de couvrir de fleurs le chemin qui le méne-
roit à fa perte. Si fon deftin eft d'être enfin
entraîné par ce penchant; fi le pouvoir fuprême qui choifit à fon gré les inftrumens
de la ruine des Etats à voulû que ce fut
dans l'anarchie populaire que le nôtre allât
fe diffoudre, tentons du moins de retarder
fa chute de quelques momens ; conduifons-
nous en patriotes tant qu'il y aura une patrie, & bravant hardiment les railleries
dédaigneufes des uns, & les aveugles empor-
temens des autres; ne ceffons de travailler
à ramener les efprits à cette modération fage
& raifonnée qui renferme tous les préceptes
de notre politique; vertu véritablement faite
pour nous, & dont le fymbole devroit être
fans ceffe préfent à nos regards comme ces
fanaux qu'on allume la nuit fur la rive d'un
détroit bordé d'écueils & qui guident jufqués
au port les navigateurs qui ne les perdent
point de vûe !

F   CHA-

CHAPITRE CINQUIEME.

Où l'on examine dans un plus grand détail quel doit être l'esprit du gouvernement de Raguse.

IL n'eut pas été difficile de donner plus d'étendue aux preuves des deux propositions que je viens d'établir. Les politiques, les Historiens offroient une multitude d'autorités & d'exemples propres à les confirmer. Mais j'écris pour des hommes intelligens. Les réflections que j'ai faites & bien plus encore celles qu'ils feront sont suffisantes pour mettre dans la plus grande évidence cette vérité, que *la devise de Raguse doit être de fuir les extrèmes, & qu'elle chercheroit vainement un bonheur solide dans une Aristocratie ou une Démocratie illimitées.*

Après avoir ainsi fixé nos idées en déterminant bien la nature de ces deux écueils que nous devons éviter, on attendra peut-être que nous cherchions dans l'intervalle qui les sépare la manière d'être qui nous conviendroit le mieux : Vaste champ où l'on peut bâtir à plaisir une infinité de gouvernemens différens ! Car qui ne sait que l'Aristocratie & la Démocratie peuvent se resserrer où s'étendre jusques à se confondre l'une avec l'autre, & former par le mélange de leurs diverses institutions autant de combinaisons différentes qu'il y a de ces mélanges possibles ?

Tout ce que nous avons dit jusqu'ici prouve seulement que c'est un gouvernement de cette dernière espèce, je veux dire *mixte & tempéré* qui doit nous convenir le mieux, & que tout autre, ou ne subsistera pas longtems à Raguse ou fera périr la République avec lui.

Mais en quoi, dira-t-on, faites-vous consister ce que vous nommez un gouvernement mixte & tempéré ? Quelle portion d'Aristocratie, & quelle portion de Démocratie entreront dans sa composition ? En un mot, quel nouveau système de législation avez-vous à nous proposer ?

Ma première idée étoit de vous répondre avec *Rousseau* (*) ; *l'Aristocratie héréditaire est*

(*) Contract social, L. III. ch. 5.

*le pire de tous les gouvernemens, l'élective est
le meilleur.*

Je voulois développer cette idée. Je voulois vous montrer l'analogie frappante de ce
genre de gouvernement avec notre caractère ; avec nos intérêts, avec notre position.
J'espérois de vous faire voir qu'il renferme
peut - être le seul moyen de réunion qui nous
reste ; que. . . . . une guerre intes-
tine plus ou moins déclarée. . . . .
deux gouvernemens . . . . ne
s'entendre ni se concilier. . . . .
(*On n'a pas bien pu déchiffrer ici le manuscrit
du Traducteur.*)

J'aurois peut-être pu prouver aux   urs
qui savent lire de sang froid, & examiner sans
passion qu'il y avoit dans ce plan un avantage réel pour tout le monde, puisque la volonté générale y seroit nécessairement mieux
connue & mieux suivie que dans tout autre.

Enfin il eut été facile d'indiquer des précautions capables de rassurer le partisan le plus
ombrageux de la liberté ; & j'ose croire que
tout homme qui ne demande de bonne foi
que cette liberté avec la justice, l'ordre, l'u-
nion, la paix, eut pû en être pleinement satis-
fait.

Mais en considérant mieux nos dispositions actuelles, je ne puis me défendre d'une crainte qui me réduit au silence. Le moment où la passion exerce son empire n'est pas celui où la raison peut être écoutée. Il arrive par une singulière fatalité que plus le mal est grand, & moins nous sommes en état d'en recevoir le remède. Ce seroit donc nuire aux vérités qu'on croit utiles, & qu'on voudroit persuader que de les aller exposer aujourd'hui à un combat dans lequel elles seroient infailliblement vaincues. Et je le répéte, j'aime mieux que tout le monde juge que mon ouvrage n'est bon à rien, que si une seule personne pouvoit être fondée à dire qu'il est nuisible.

Que nous reste-t-il donc à faire quand nous sommes forcés à nous taire sur cet important objet ? Si nous ne pouvons aller à la source du mal, tâchons du moins de l'adoucir & d'e retarder le progrès. En tout état des choses ce sera un grand bien que de s'éclairer. Quel gouvernement si défectueux qu'il soit, ne peut-on pas faire cheminer du moins passablement à force de prudence, de modération, de vertu ? Et qui peut prévoir après tout, les efforts dont le patriotisme, la raifon, les lumières peuvent rendre cápable une nation comme la nôtre, quand elle aura plus mûrement encore réfléchi fur fes intérêts & fur les vrayes fources des maux qu'elle éprouve, & des biens qu'elle peut efpérer ?

Confidérons donc encore une fois les principes que nous avons déja pofés pour en rendre l'application plus étendue & plus facile : Je fais que nous tomberons par là dans des répétitions inévitables ; vice impardonnable fans doute aux yeux de cet ordre de Lecteurs qui eft toujours preffé d'arriver à la fin d'un livre & de le juger. Mais il vaudra mieux encore s'expofer à mériter fes dédains que le reproche de n'avoir pas affez nettement établi les preuves de ce que nous voulons perfuader.

Ragufe, avons-nous dit, ne peut affurer fa profpérité, elle ne peut même fe promettre une longue exiftence que par le fecours dé l'induftrie.

Il faut donc qué fes loix foyent dirigées de la manière la plus propre à la favorifer. Nous avons déja tiré diverfes conféquences de ce principe fimple & fécond. Il en eft d'autres qu'il ne faut pas négliger.

Qu'eft-ce que l'induftrie, le commerce,

les arts demandent avant tout du gouvernement ? N'eſt-ce pas une sûreté auſſi grande
qu'il eſt poſſible pour les perſonnes & les
propriétés ? Et ſans une ferme perſuaſion qui
exclut toute eſpèce d'inquiétude à ces deux
égards , qui ſeroit aſſez infenſé pour ſe con-
damner à des peines toujours renaiſſantes , &
qui coûtent toujours tant d'efforts à notre pareſſe naturelle ? Qui ſe refuſeroit une dépenſe
ſi le fruit de ſes privations ne devoit ſervir
qu'à faire le plaiſir d'autrui ? Comment y auroit-il un eſprit d'ordre , d'économie , de bonne
foi dans les familles , dans un Etat où l'on
verroit ſans ceſſe le caprice dicter les loix ,
l'injuſtice prononcer les jugemens , la fraude
ou la violence ravir ſans peine le prix d'un
long & pénible travail.

De là vient qu'il n'y a jamais eu un Etat
deſpotique où le commerce ait proſpéré ; qu'il
ne fleurit dans les Monarchies qu'à proportion
de la confiance qu'on y a dans l'équité du
gouvernement, qu'il échappe tôt ou tard aux
Républiques turbulentes dans leſquelles la juſtice eſt corrompue , où l'ordre interverti par
des cabales & des factions continuelles (*).

F jv

(*) C'eſt ce qui eſt arrivé à la plûpart des Répu-

En effet qu'il y a - t - il de plus despotique & de plus ombrageux que des factions, qui dans leurs triomphes mêmes sont encore troublées par des inquiétudes & des défiances ?

L'industrie n'est donc dans son véritable élément que sous les gouvernemens Républicains tempérés, où le pouvoir du Sénat & celui du peuple se balançant avec équité sont réciproquement cautions de leur vertu, de leur prudence & de l'observation des loix.

Cela est vrai surtout des petits Etats qui ne peuvent, pour ainsi dire, que dérober le commerce, & qui ne le fixent dans leur sein qu'à force d'industrie & de prudence. Car que ne peuvent pas oser des Etats puissans & riches, à qui la nature accorde des productions dont les autres ne sauroient se passer ?

Mais à quoi tient cette persuasion de sa parfaite sûreté ? C'est plus qu'à tout autre chose à l'idée qu'on a de la probité des Ju-

bliques d'Italie qui fleurissoient dans les quatorziéme, quinziéme & seiziéme siècles. Pour une qui a été conquise, on en citeroit dix qui livrées à l'esprit de faction, ont enfin été détruites par les mains de leurs propres Citoyens.

ges, de leur capacité, du genre des motifs qui les déterminent quand ils font appellés à difpofer par leurs fentences de la vie, de la liberté, & des fortunes des particuliers..

J'ai déja dit que fi ces Juges ne font pas tirés de l'élite des Citoyens ; fi leur éducation, leurs lumières, l'indépendance de leurs places, le refpect pour leurs perfonnes ne concourent pas à leur infpirer un vif fentiment d'honneur, leur vertù fera tout au moins foupçonnée, & peut-être méritera-t-elle de l'être. On croira leurs arrêts dictés ou par l'intérêt, ou par l'efprit de parti. Une ou plufieurs claffes de Citoyens croiront avoir à s'en plaindre. Ils en concevront une frayeur peut-être outrée, mais qui produira également la défiance & le découragement.

Ce feroit bien pis s'il arrivoit jamais que la totalité ou du moins la grande partie du peuple intervint en effet ouvertement dans fes jugemens, & voulut les diriger fuivant fes idées, comme j'ai déja dit que c'eft l'effet ordinaire de la Démocratie, & tout auffi fouvent le fléau & le principe de la ruine de cette forte de gouvernement.

Mais ce feroit le comble du mal fi dans

cet état des chofes, il n'y avoit pas un code complet de loix criminelles & civiles, qui traçât aux Juges la route qu'ils doivent fuivre. A la véfité on a peine à comprendre qu'un fi grand abus puiffe avoir lieu dans aucune République. La feule qui pût le tolérer jufqu'à un certain point feroit une Ariftocratie très-modérée & très-vertueufe ; mais dans celles qui ont une pente à la Démocratie on peut bien affurer qu'il n'y aura jamais de tranquillité durable fans un code qui profcrive, autant qu'il eft poffible, tout l'arbitraire des jugemens. Ne feroit-ce pas le comble de l'inconféquence que là où le pouvoir judiciaire eft le moins folidement affermi, ce fut là même où on l'expofât aux plus rudes attaques ; que là où le Juge a le moins d'appui, ce fut là où prefque chaque jugement qu'il prononceroit lui fufciteroit des ennemis plus nombreux & plus en état de fe venger que partout ailleurs ? Expliquons-nous plus clairement ; car ce fujet eft de quelque importance. Dans les pays comme l'Angleterre, où le Juge ne peut s'écarter du texte connu de la loi, où la Sentence qu'il prononce eft déja écrite dans ce texte qu'il ne fait que citer, le condamné tout affligé qu'il puiſſe être , ne peut guères être irrité contre lui. Il peut être mécontent que la loi exiſte , mais il ne peut ni la calomnier , ni cabaler contre elle , ni l'exclure des emplois publics. On eſt bien tenté au contraire de faire quelqu'une de ces choſes contre l'homme qui a compoſé l'arrêt dont on eſt frappé , car cet arrêt n'étant écrit nulle part , on le trouve toujours arbitraire autant qu'injuſte & accablant. Combien d'hommes en pareil cas ne ſeroient pas tout prêts à renverſer le gouvernement & l'Etat même , s'ils pouvoient par ce moyen ſe venger d'un jugement qui les a condamnés , ne fut-ce même qu'à une légére humiliation. Mais en ſuppoſant , ſi vous le voulez , des hommes très-modérés dans une circonſtance où il y en a ſi peu , convenons que là où les jugemens ſont laiſſés à l'arbitre des Juges , il n'y en a peut-être pas un qui ne faſſe éclorre une multitude de plaintes , & qui ne jette dans les ames des germes plus ou moins féconds de diviſions & de haines. Les condamnés ont toujours été jugés par la paſſion s'il faut les en croire : s'il faut en croire d'autres , le Juge a manqué de droiture , ou de lumières, ou de courage , & l'intérêt public a été immolé. Ces impreſſions ſe conſervent juſqu'à une occaſion favorable, & de là tant de déſordres, d'agitation, de mauvais procédés dont le vrai principe reſte caché, parce qu'on le maſque de quelque vertueux ſentiment qui ne s'en doute ſeulement pas. Et c'eſt ainſi que dans les Etats où par un autre malheur le corps chargé de rendre la juſtice eſt le même que celui qui a le dépôt des grands intérêts de la nation, qui la repréſente, qui met ſeul tous les autres en activité, c'eſt ainſi, dis-je, qu'il peut arriver que le gouvernement y ſoit preſque toujours en péril, preque toujours contrarié, & ſouvent ébranlé juſques dans ſes fondemens à propos d'affaires qui euſſent à peine ailleurs troublé la paix d'une famille.

Mais direz-vous, la loi qui eſt ſourde, infléxible, incapable de diſtinguer toutes les nuances des actions, jugera-t-elle avec autant d'équité qu'un corps de Magiſtrats tout à la fois intègres, & clémens qui peuvent peſer avec le plus grand ſoin toutes les circonſtances d'une affaire, avoir librement égard à celles qui ſont favorables, & meſurer en pères autant qu'en Juges le degré de la peine au

dégré de la faute & à la valeur morale de
la perſonne ?

Je réponds d'abord que cette façon de
juger peut être ſans grands dangers chez un
peuple qui a des mœurs très - pures , &
beaucoup de vertu. Avec ces deux choſes
tout eſt innocent dans les uſages & les loix.
Les Juges ſont contenus, les délits rares,
les mécontentemens foibles ou promptement
étouffés : L'intérêt public fait táire tous les
autres.

Mais là où il y a quelques degrés de vertu
de moins , & beaucoup d'intérêts particuliers
très-actifs, on en trouvera infailliblement des
traces dans les jugemens laiſſés à l'arbitre des
tribunaux. Et même en ſuppoſant que les
juges conſervant plus de vertu que les autres
Citoyens continueront à rendre des arrêts
auſſi juſtes que ceux de Thémis elle - même ,
cela n'empêchera pas que ces arrêts ne ſoyent,
comme je l'ai déja dit, une ſource de diſcordes & de haines , parce que ceux qui
ſeront condamnés les attribueront toujours à
la *volonté du Juge* & regarderont toujours
ce Juge comme le véritable auteur du mal
qu'ils croiront qu'on pouvoit leur épargner.

J'avoue, que quand il n'y aura plus rien d'arbitraire dans les Tribunaux les particuliers feront jugés quelquefois avec plus de rigueur ; mais fouvent auffi avec plus de juftice & d'impartialité. Et d'ailleurs lorfqu'il fe trouvera dans un affaire des circonftances que la loi n'a point prévuës & qui follicitent l'indulgence, n'y a - t - il pas par tout des Tribunaux de grace établis exprès pour y avoir égard ?

Enfin pefez bien dans tout ceci le grand, le capital intérêt de la tranquilité publique, incompatible avec une forme de judicature faite pour énerver à jamais la juftice & le gouvernement, parce qu'elle tiendra toujours défunis les chefs & les membres & expofera toujours l'Etat à voir chaque affaire particulière devenir en un moment une affaire d'Etat.

Puifque tout ce qui eft arbitraire dans les Jugemens eft fi dangereux ; à plus forte raifon toute violation des règles & des formes établies doit-elle être regardée comme mortelle aux Républiques & interdite fous quelque prétexte que ce puiffe être. Rien ne fauroit en effet porter une plus fatale atteinte à cette opinion que chaque Citoyen doit y avoir de sa sureté ; On sait combien aisément les hommes se laissent gouverner par les exemples : Ils font des loix pour la multitude. Ce qu'on a osé une fois pourquoi ne l'oseroit - on pas encore? Et quand cette barrière sera une fois enlevée, quel est l'homme si vertueux , si prudent , qui n'ait encore à craindre au moment où il se formera quelques-uns de ces orages auxquels les Républiques sont si sujettes ?

Je me reproche presque de dire des choses si triviales & si évidentes. Mon excuse est dans ce mot de l'Esprit des Loix : *Les précautions à observer dans les jugemens intéressent le genre humain plus qu'aucune chose qu'il y ait au monde.* Tout ce qu'ajoute l'Auteur sur les moyens d'assurer la liberté du Citoyen , me dispense d'en dire davantage sur cet important sujet.

C'est beaucoup avoir fait sans doute pour animer l'industrie d'un peuple que d'avoir pris toutes ces précautions pour lui assurer la jouissance tranquille des fruits de son travail. Mais s'il est très - important pour lui que son industrie soit constamment entretenue & , si j'ose dire ainsi, aiguillonnée ; il faudra faire quelque chose de plus : Bien loin de permettre que l'on puisse sous aucun prétexte faire essuyer des désagrémens aux Citoyens riches ou aisés, il est prudent autant que juste d'arranger les choses de manière à les attacher fortement à un sol qu'ils fertilisent, où ils répandent leurs bienfaits, où ils soutiennent l'indigence, où ils créent des ressources, où ils défrayent presque seuls l'administration publique. C'est aujourd'hui la politique de tous les Etats. Il n'en est point où les richesses ne frayent la route des distinctions. Ceux qui par le génie de leur constitution seroient les moins portés à leur accorder cet avantage, ceux qui sont voués à la profession des armes sont encore forcés de leur rendre hommage depuis que la guerre ne se fait plus qu'à force d'argent. Où n'ont-elles pas le pouvoir d'ouvrir l'accès aux premières places, au premier ordre du moins de la Société. Voyez la France où l'Intendant, c'est-à-dire l'Administrateur très-puissant d'une très-vaste Province n'est d'ordinaire que le fils d'un Bourgeois enrichi. Voyez l'Angleterre où l'entrée dans le Corps législatif n'est le plus souvent

qu'un

qu'un préſent de la fortune. N'eſt - on pas
aiſément annobli, décoré partout ailleurs à
la même condition ? Notre fière voiſine (*)
elle - même n'a - t - elle pas vendu une diſtinc-
tion qu'elle met avec raiſon à un ſi haut prix ?
Avec ce ſeccurs on obtient donc partout ou
des honneurs, ou du crédit & de l'influence. Je ſais que c'eſt là, ſi vous voulez, un
effet de la corruption du ſiècle : je ſais qu'à
parler philoſophiquement les diſtinctions ne
ſont dûes qu'au mérite & à la vertu, que
Rome fut pauvre & triomphante, & Sparte
admirée & heureuſe peut - être dans ſon indigence volontaire ; mais nous ne ſommes ni
dans ces tems ni dans ces Républiques ſi van-
tées. Nous vivons à Raguſe, au centre de
cette Europe, corrompue dans le dix-huitième
ſiècle ; & l'Europe & le ſiècle ont une telle
force pour nous faire adopter leurs préjugés,
que toute notre philoſophie ne viendra jamais
à bout d'y ſubſtituer ſes dogmes. Il faut donc
bien ſe dire que l'état des choſes eſt tel malgré
tous nos efforts q "l rend partout la poſition
du riche favorable, qu'il eſt inévitable qu'il
en ſente l'avantage ; & que certain de trou-

ver en plusieurs lieux une jouissance paisible, agréable & même honorée, il regarde autour de lui & choisisse le séjour qui réunit ces conditions au plus haut degré. Que si sa patrie est loin d'être ce séjour, il ne peut que s'en détacher par degrés en raison de ce que les causes de dégoût seront plus ou moins actives. Je sais que les liens qui l'y retiennent ont une grande force ; mais s'ils attachent puissamment une première génération, il n'en est pas de même de la seconde. D'autres opinions, d'autres principes, d'autres espérances feront d'autres hommes : l'intérêt même ne sera plus une chaîne, parce que là où les fortunes ne sont point en terre on peut les déplacer aisément. Que deviendroit donc avec le tems un ordre de Citoyens si nécessaire au soutien de l'Etat ? Car je suppose que vous m'avez accordé une fois pour toutes que c'étoit sur l'industrie qu'étoit fondée une petite République sans territoire, que c'étoit par conséquent des richesses déja acquises, du crédit, des liaisons & des lumières en matieres de commerce, & en général tout ce qui favorise cet objet qui pouvoit la faire prospérer. Ce seroit insulter mes Lecteurs que d'attribuer à un feul la ridicule idée qu'il fuffit d'avoir abondance de bras dans un Etat où il n'y a ni champs à cultiver, ni conquêtes à efpérer, & où l'on ne portera jamais que les denrées qu'on y payera bien.

Que faut-il donc faire, felon vous, en faveur des riches, me direz-vous peut-être avec un peu d'humeur ? Voici ce que vous répondra un homme qui ne gagnera rien aux avantages qu'on leur accordera que ce que fa patrie peut elle-même y gagner. Evitez de mettre en leurs mains aucun pouvoir qui puiffe tendre à l'oppreffion des autres, qui puiffe faire dégénérer le gouvernement en une Ariftocratie exclufive & héréditaire. Que tout le monde foit leur égal devant les loix & les Juges, que le nom de *riches* foit inconnu aux uns & aux autres foit pour les favorifer foit pour les vexer.

En toute occafion confidérez, comme dit *Montefquieu, non ce qu'un homme peut payer, mais ce qu'il doit payer.*

Accordez aux riches toutes les diftinctions purement honorifiques & qui n'emportent aucune différence dans les droits politiques. C'eft un jufte retour de l'avantage que l'Etat retire de leurs fortunes & des plus grands efforts qu'il attend d'eux dans ses besoins.

Par la même raison on peut dire qu'à mérite égal le riche doit avoir quelque préférence dans la distribution des honneurs, comme étant présumé plus intéressé que les autres à la conservation de l'Etat.

Ce sera une très-grande preuve de la prospérité de la République & de la vertu de tous les Citoyens, que les riches ambitionnent les emplois, & que les autres les leur accordent avec plaisir.

Si quelqu'un mérite d'être récompensé & distingué dans la République, c'est le *riche bienfaisant & modeste*. Quand ces trois qualités sont réunies, il faut les regarder comme trois vertus.

Enfin défiez-vous tout autant des effets de l'envie du pauvre que de ceux de l'orgueil des riches.

Quelques-unes de ces maximes plairont peu à un ordre de Lecteurs, je les supprimerois si je ne devois pas considérer ici, non l'amour-propre de quelques personnes, mais l'intérêt général & durable de ma Patrie.

CHA.

CHAPITRE SIXIEME.

Suite.

CE n'eſt pas une petite tâche dans les gouvernemens Républicains que de ménager un traité de paix & d'alliance durable entre la richeſſe & la pauvreté. L'orgueil & l'envie qui leur ſont propres à chacune, & qui les mettent ſans ceſſe aux priſes, ſont dans ces Etats la grande ſource des mécontentemens & des diviſions qui les agitent ſans ceſſe. Le chef d'œuvre de la légiſlation ſeroit de trouver des moyens de conciliation qui les engageaſſent à ſe ſupporter avec patience, & qui puſſent faire concourir au même point des prétentions auſſi oppoſées que celles qu'elles entretiennent.

Nous avons indiqué ſuccinctement & très-imparfaitement ſans doute les fondemens des égards qu'un Etat tel que le nôtre devoit avoir pour les riches. Diſons à préſent un mot des égards que les riches doivent à leur tour à l'intérêt de l'Etat. Les richeſſes peuvent en effet aiſément lui nuire beaucou après l'avoir beaucoup fervi , lorfque devenant communes & confidérables elles tendent par une pente qui ne leur eft que trop ordinaire à affoiblir chez les Citoyens , ce que Montefquieu appelloit fi bien *l'efprit de commerce , de travail & de vertu.*

Un des premiers fignes de ce mal , c'eft lorfque les richeffes s'étant perpétuées & accumulées longtems dans les mêmes familles , il s'en trouve qui perdent de vuë & dédaignent même les fources d'où elles ont coulé dans leur fein. Alors perfuadées qu'elles font devenues très-indépendantes des caufes de la profpérité générale , elles prennent un éfprit particulier qui malgré le mélange des bons fentimens qui peuvent y entrer eft toujours plus nuifible qu'utile , parce qu'il choque l'efprit général , & qu'il introduit dans le fyftême des loix , des mœurs , des opinions , des principes nouveaux qui en troublent l'harmonie.

Doit-on craindre encore que le progrès de la fauffe gloire n'aille jufqu'à introduire parmi nous les préjugés Monarchiques qui aviliffent le commerce & les arts ? J'ai peine à croire que fi ce délire faifit quelques têtes il produife jamais de grands effets à Ragufe , & qu'il

tienne longtems contre la pauvreté ridicule,
qui ne tarderoit pas à en être l'effet & le remède.

Ce qui eft bien plus à redouter, c'eft que
le goût du travail, de l'ordre, de la frugalité,
de la modéftie ne s'affoiblifſe à mefure que les
fortunes s'accroiffent. C'eft un mal attaché en
quelque forte à la nature de la chofe, & qu'on
ne préviendra jamais que très - imparfaitement
par les loix. Le feul préfervatif affuré doit
en être cherché dans l'éducation, dans la morale, & plus encore dans la religion. C'eft
auffi l'heureux effet qu'elle ne manque pas de
produire partout où elle eft refpectée. Elle,
feule peut fuppléer à l'imperfection des infti-
tutions humaines, régler les mouvemens du
cœur, en annoblir les fentimens, & contenir
du moins dans de certaines bornes tant de
paffions baffes, cruelles & extravagantes qui
font le vrai, le grand fléau de l'humanité,
& font quelquefois des lieux les plus fortu-
nés de la terre un féjour plus odieux que les
déferts mêmes. Mais pour mettre le comble
à tous nos malheurs, de *grands génies* qui ont
la vuë fi longue qu'ils n'appetçoivent pas ce
qui eft à leurs pieds, travaillent à bannir tout

fentiment religieux de nos ames avec une per-
févérance fi obftinée qu'elle n'a pu refter fans
effet. Louables & utiles efforts auxquels les
fociétés vont devoir déformais un nouveau
degré de perfection ! Car ces nouveaux Légiflateurs démontrent, à ce qu'ils affurent eux-
mêmes, que chez de puiffantes nations le déf-
potifme abufe de la religion, qu'elle y favo-
rife l'intolérance, l'hypocrifie, l'impofture &c.
Et fous ce prétexte toute religion quelconque
eft traitée avec le même mépris, celle qui corrompue par la fuperftition rend les peuples
cruels & efclaves, comme celle qui rétablie
dans fa pureté & ramenée à fa deftination ne
fait que leur prefcrire un culte avoué par là
raifon, & une morale conforme à leurs véritables intérêts. C'eft ainfi que des Médecins
mal avifés ordonnent les mêmes remèdes à
tous les malades : c'eft ainfi que plus mal avifés qu'eux nous allons perdre notre fanté,
parce que d'autres ne fe portent pas bien.
N'eft-il pas trifte que pour combattre leur
fuperftition on attaque chez nous une religion
bienfaifante, pure, raifonnable, qui a fait naître cette République, qui l'a foutenue, qui l'a
conduite au travers de mille dangers au point

de profpérité où nous l'avons tous vûë il y a peu d'années ? N'eft-il pas trifte qu'on entreprenne de rendre ridicules une croyance & un culte dont tout le but, tout le fens fe bornent à inculquer aux hommes, *foyez honnêtes gens & vous ferez heureux.* Le peuple eft expofé en cent endroits différents à entendre les préceptes de la plus mauvaife morale. Il n'y en a qu'un où il puiffe en apprendre une bonne, utile à la fociété, falutaire pour les individus, & on n'épargne rien pour l'en détourner. On lui dit de mille manières : Vous avez cru jufqu'ici que l'Etre fuprême s'intéreffoit à vous; qu'il vous demandoit du refpect, de la confiance, de la vertu pour prix du bonheur qu'il vous deftinoit. Tout cela font des chimères. Vous n'avez point befoin de lui plaire, & il ne vous deftine que le néant. . . . . . . Qui pourroit croire que des hommes qui ont quelque fens pûffent confacrer leurs études, leurs veilles, leur repos à répandre de pareilles idées ? *Montefquieu* étoit donc un imbécile lui qui comptoit les progrès de la fecte Epicurienne à Rome au nombre des grandes caufes de fa décadence, parce que cette fecte niant la Providence divine, avoit ôté au ferment & à la vertu son principal fondement ; lui qui regardoit la *religion chrétienne comme le plus beau présent que la Divinité eut fait aux hommes* (*). Mais à quoi bon alléguer des autorités ? L'expérience ne nous convaincra peut - être que trop tôt que quand les peuples perdent ce frein salutaire, les passions déchaînées les entraînent dans mille égaremens ; que des hommes accoutumés à placer au moins une partie de leur ambition & de leurs espérances dans les biens d'une autre vie , instruits à ne plus compter que sur celle-ci , ne tardent pas à s'en disputer les misérables avantages avec une nouvelle fureur qui ne peut manquer d'accroître encore leurs divisions , leurs excès , & leurs infortunes.

Revenons à notre sujet , si c'est s'en être écarté que d'avoir observé combien les loix humaines ont besoin de supplément quand il est question de réprimer les progrès du luxe , & du relâchement dans les principes qui rend le luxe nuisible. En effet tout ce qui se passe dans l'intérieur & qui reste comme ignoré , ne peut guères être l'objet des loix à moins qu'on ne veuille courir un risque plus grand

(*) Esprit des Loix.

encore, celui d'armer des hommes d'un pouvoir qui tendroit à détruire la liberté dans
son essence. C'est ici qu'il faut user d'une grande
circonspection, & pécher plutôt par une trop
grande tolérance que par l'excès opposé : car,
je le répéte, il y a nécessairement dans toutes
les manières d'être des hommes, des inconvéniens à côté des plus grands avantages. Et
celle d'un peuple commerçant le portant à
s'occuper du soin d'acquérir, & ensuite de celui
de jouir, il ne sauroit jamais par cela même
atteindre à ce mépris vertueux pour les richeffes, pour le luxe & pour les plaisirs que nous
admirons dans les Républiques anciennes dont
les Législateurs n'ayant songé qu'à former des
guerriers, ne parloient avec raison à leurs
Citoyens que de privations, de désintéressement
& de gloire.

Mais si nous ne devons pas prétendre à
imiter la simplicité des Spartiates à qui Licur-
gue avoit défendu d'autres meubles que ceux
qu'on peut faire avec une hache & une scie,
il n'en est pas moins vrai que nous ferons
très bien aussi d'éviter tout ce qui détourne
trop du travail, tout ce qui augmente le
penchant aux plaisirs, à la molesse, aux

vaines dépenſes, tout ce qui rend la jeuneſſe oiſive, diſſipatrice & indiſciplinée.

Il ſera bon ſurtout de proſcrire ce qui n'eſt que de pure oſtentation puiſqu'il n'en réſulte que du mal ſans aucun mélange de bien. Tout ce qui n'eſt que faſte n'aboutit en effet qu'à donner à ceux qui l'étalent & ſurtout à leurs enfans une très fauſſe idée de leur valeur intrinſéque, qu'à faire prendre aux familles un engagement très imprudent à une dépenſe perpétuelle, qu'à exciter chez les autres une émulation ruineuſe, qu'à leur donner du dégout pour leur état, un nouveau motif à l'envie, à la haine & par cela même qu'à aigrir tant d'autres ſujets de méſintelligences dont les Républiques abondent toujours.

Tout le monde connoit les loix & les réglemens propres à produire ces effets. Il ſeroit inutile de les recommander ici: Tous ces détails n'entrent point dans le plan d'un ouvrage qui ne peut & ne doit renfermer que des principes généraux. Je m'en tiens donc ſur ce ſujet à vous redire: Il n'y a que le travail, l'ordre, la frugalité qui puiſ-ſent conſerver la proſpérité d'un peuple à qui ces vertus feules ont pû la procurer, d'un peuple qui n'a que les reffources qu'il crée, qui eft environné de rivaux attentifs à partager les fruits de fon induftrie, à l'attirer, à l'encourager chez eux, & qui peuvent fi aifément avoir fur lui le grand avantage du prix de la main d'œuvre, s'il ne compenfe pas la cherté des denrées par l'affiduité dans le travail.

J'ajouterai cependant avant que de quitter ce fujet que malgré tout nôtre gout pour le luxe & le plaifir (qui paffe certainement les bornes convenables) je ne crains point que nous perdions par cette feule caufe nôtre induftrie & nôtre commerce, auffi longtems que tout le fyftême de nos loix & de nôtre gouvernement fera d'ailleurs tel qu'il doit être pour les favorifer. Que s'il arrive au contraire que nôtre conftitution dégénère de l'une des deux manières que nous avons indiquées, tous les réglemens qu'on pourra faire contre le luxe, le libertinage, l'oifiveté feront toujours très infuffifans pour nous affurer une certaine profpérité. Tel eft l'effet d'une conftitution faine & vigoureufe, tel eft celui d'un vice effentiel des folides dans

le corps humain : Dans le premier cas les er-
reurs de régime ne nuisent que foiblement
& pour peu de tems : Dans le second les
remèdes les plus vantés sont sans effet. Si
nous sommes donc toujours assez heureux
& assez sages pour nous fixer au juste tempérament qui nous convient ; si nous évitons
les extrêmes & les abus qui les accompagnent ;
si nous pouvons en un mot nous bien péné-
trer du véritable esprit de nôtre situation,
je suis persuadé que Raguse sera toujours
malgré les accidens de la fortune le séjour
favori de l'industrie & de l'abondance qui
en est l'effet nécessaire. Le Gouvernement Républicain quand il est stable, modéré, dirigé sur de sages principes attire à lui par un
pouvoir comme irrésistible le commerce, les
arts, tous les genres d'industrie. C'est son propre, c'est son triomphe que d'animer, de créer,
pour ainsi dire, l'activité & les talens. Il les
attireroit en quelque sorte dans les déserts
mêmes, & fertiliseroit les plus arides rochers,
comme tant d'exemples en font foi. On pourroit le comparer à un arbre plein de séve qui
jette ses branches vigoureuses partout où il
trouve un espace libre, & qui là où le sol lui

manque tire de l'air même une nourriture encore fuffifante, tandis qu'à fes côtés la Monarchie languit dans les terreins les plus féconds, & meurt fouvent accablée de tous les
dons de la nature qu'elle dévore fans en être
nourrie. Mais que la République n'infulte point
à fes malheurs ; car fi elle a une féve abon-
dante elle pouffe rarement de profondes ra-
cines ; les orages la renverfent aifément, & les
hommes qui ne favent pas plus fupporter le
bonheur que l'adverfité , après avoir conftruit
à grands frais ce chef de leur fageffe , finiffent
fouvent par en jouer comme des infenfés , &
par le détruire des mêmes mains qui l'ont
élevé, plutôt que de renoncer à quelque mi-
férable & ridicule paffion.

C H A:

CHAPITRE SEPTIEME.

Réponse à une Objection.

NOus avons beaucoup parlé d'induſtrie, de commerce & de richeſſes, & bien des gens penſeront que nous en faiſons trop de cas. Il ne leur ſemblera pas que ces objets ſoyent dignes d'être recommandés avec tant de ſoin. Ils diront que la vertu & la médiocrité qui eſt ſi ſouvent néceſſaire à la vertu, ſont un moyen plus ſûr pour opérer le bonheur d'un peuple, & que c'eſt bien plutôt à lui en inſpirer le goût que doivent tendre tous les conſeils de la politique, qu'à donner tant d'encouragemens à une induſtrie qui ne le mène aux richeſſes que pour le précipiter vers la corruption.

Ces objections ſont ſpécieuſes : il faut les examiner avec ſoin, car ſi elles ſont fondées, il n'y a pas un moment à perdre. C'eſt à nous à réparer le mal que nous pourrons avoir fait.

Elles ſe réduiſent, ce me ſemble, à dire que la médiocrité des fortunes nous convient mieux que de très-grandes richeſſes; ce que j'accorj'accorderai, si l'on veut, pourvû qu'on n'en tire pas la conséquence, selon moi, très fausse & très dangereuse qu'il seroit bon que quelque obstacle les empêchât de s'accroître chez nous au delà de certaines bornes.

En effet qui détermineroit ces bornes, & quelle seroit la force de ces obstacles? Il seroit bon cependant de calculer ces choses au plus juste, car si 'on s'y trompoit, on pourroit bien nous mener par degrés à perdre l'esprit d'industrie qui fait comme on l'a dit cent fois la baze de toutes nos ressources.

Il est constant du moins que pour donner à cet esprit tout l'essor qui le rend actif & durable il faut qu'il ne voye aucun terme à ses succès. La vuë de ces bornes dont on parle jetteroit immanquablement dans le découragement tout ce qu'il y auroit d'hommes actifs, avides, infatigables, c'est-à-dire, tous ceux qui par leurs leçons ou leur exemple communiquent le goût du travail, l'esprit d'économie & d'ordre à tout un pays, créent des ressources, & appellent, pour parler comme eux, des *affaires* où il ne s'en seroit jamais fait sans eux.

Ce découragement seroit infaillible, parce

qu'il tient à la nature humaine dont l'indolence eſt un des premiers penchans. Pour la
vaincre il lui faut tout le ſecours d'une vaſte
eſpérance, tous les attraits de la fortune mis
en perſpective. A peu près comme dans les
armées il ne ſe fait rien de grand ſi chaque
Officier eſt bien convaincu qu'il lui eſt im-
poſſible d'arriver aux premiers grades.

Encore ſi nous avions pluſieurs reſſources
à notre diſpoſition, pourrions - nous hazarder
cette expérience. Mais encore une fois que
deviendroit Raguſe ſans induſtrie ? Ne ſeroit-
elle pas dans le cas d'un peuple qui n'ayant
que des champs pour ſubſiſter n'en ſemeroit
qu'une partie, & ne recueilleroit que la moi-
tié de ce qu'il lui faut pour ſe nourrir ? Encore y a - t - il cette immenſe différence que
les champs reſteroient à ce peuple, & qu'il
les cultiveroit mieux quand il voudroit, au
lieu qu'une branche d'induſtrie, une manu-
facture, par exemple, nous ayant une fois
échappé elle ne reviendroit pas ſans doute
au premier ſignal, ſurtout dans un ſiècle où
de toutes parts l'induſtrie eſt ſollicitée, ca-
reſſée, reçue, pour ainſi dire, à bras ouverts.

Mais vous inſiſterez & vous prétendrez que

que des richeſſes exceſſives nous feront plus
nuiſibles encore que la pauvreté même.

A fuppofer ce degré de proſpérité poſſible,
je répondrai qu'il eſt ſi peu probable que
ce n'eſt pas la peine de le regarder comme
un danger réel.

Voyons les choſes comme elles ſont, &
nous ferons bien délivrés de cette crainte.
Comment peut-on fuppofer que nous acqué-
rons jamais de pareilles richeſſes, tandis qu'il
a fallu le concours de tant de circonſtances
favorables pour nous procurer celles que nous
poſſédons; tandis que tant de cafualités les
menacent, & qu'il y a, ſi j'oſe ainſi dire,
mille ouvertures par leſquelles elles peuvent
s'écouler & difparoître; tandis que tous les
gouvernemens travaillent à l'envi à s'éclairer
fur les principes de la ſcience économique,
à encourager, à attirer chez eux l'induſtrie,
& par conféquent à partager des fuccès que
leur négligence feule ou leurs préjugés nous
avoient abandonnés juſqu'ici.

Vous m'objecterez que je difois tout à
l'heure que l'induſtrie rechercheroit toujours
les gouvernemens Républicains par préférence. Il eſt vrai, & je ne me retracte pas : mais

obſervez que j'ajoutois, quand ils ſont équi-
tables & ſages ; c'eſt-à-dire, quand ils donnent
à la portion laborieuſe d'un peuple toute la
liberté ; tous les ſecours , toute l'émulation
qu'ils ſont ſans doute plus propres que d'autres à leur aſſurer quand ils le veulent.

Enfin des richeſſes accumulées durant les
tems de proſpérité nous ſeront très-néceſſai-
res dans des circonſtances contraires auxquelles nous ſommes plus expoſés qu'aucune
autre nation. Dans ces tems difficiles où l'on
a contre ſoi les hommes ou la nature , &
quelquefois tout cela enſemble , il n'y a que des
fortunes conſidérables, que leur maſſe , ſi j'oſe
ainſi dire, mette en état de réſiſter. Et ſans ce
qu'il en reſte après de grandes pertes , envain
auroit - on conſervé de l'intelligence & de
l'activité : les ſources de la vie de l'Etat ſeroient épuiſées pour jamais ; car il eſt aſſez
connu qu'aujourd'hui l'or ſeul attire l'or , &
que ſans en avoir déja , le commerce ne peut
preſque pas plus le créer que la chymie. Il
faut donc prendre la balance ; peſer les inconvéniens avec les avantages : comparer un
danger à peine probable avec un danger réel
& comme préſent ; ſe bien perſuader que l'in-

térêt que nous avons à nous assurer nos ref-
sources d'une manière solide , & s'il se peut ,
perpétuelle , est comme je l'ai souvent dit
l'intérêt fondamental de cet Etat , auquel il
faut que les autres soyent subordonnés. Ainsi
qu'il soit vrai philosophiquement que la médiocrité est la manière d'être la plus désira-
ble pour les peuples comme pour les particuliers , cette vérité ne peut être d'aucun usage
dans notre pratique ; parce que sans le vouloir nous sommes assez sûrs de ne point en
passer les bornes ; & que nous proposer cette
médiocrité pour l'objet auquel nous devons
tendre , ce seroit nous exposer au plus grand
risque du monde de perdre les moyens mêmes d'y atteindre.

CHA:

CHAPITRE HUITIEME.

Des Mœurs & des Sentimens qui conviennent à Raguse.

IL est tems de voir à présent comment un peuple doit jouir de ce qu'il a sçu acquérir, & de rendre à la vertu un hommage que ses ennemis eux - mêmes ne sauroient lui refuser, en avouant que sans elle cette jouissance ne sauroit être ni sûre ni heureuse.

Ce sujet intéressant nous conduit à examiner quelles mœurs, quels sentimens nous conviennent, soit pour concourir avec le gouvernement, le maintenir, l'empêcher de dégénérer, soit pour nous assurer à chacun en particulier tous les avantages que notre situation peut nous offrir.

Ce champ est si étendu que la difficulté de le parcourir consiste à écarter tout ce qui ne seroit qu'utile pour ne s'arrêter qu'à ce qui est essentiel. Je suis loin de me flatter que j'aurai toujours fait heureusement ce choix délicat; Tout ce que je puis faire sera de proposer ce qui m'a le plus frappé dans

le cours d'une méditation de plusieurs années
sur l'état de nôtre nation. Je proposerai ces
réfléxions sans art, sans éloquence, peut être
sans beaucoup d'ordre ; mais avec candeur
& dans des intentions trop pures pour que
le Lecteur attentif & sans passion ne fasse pas
grace au principe qui me les aura dictées
quand même il ne les approuveroit pas.

Je vais d'abord essayer de me faire une
idée du Citoyen le plus estimable, le plus
utile à sa patrie, tel que s'il avoit beaucoup
de semblables elle dut être de l'aveu de tout
le monde florissante & paisible, mais tel en
même tems qu'on puisse le concevoir sans
passer les bornes de la vraisemblance, & sans
rien exiger qui soit au dessus de la portée de
l'humanité.

Cette esquisse toute imparfaite qu'elle sera
peut servir à rassembler sous un seul point
de vüe des idées éparses, à les développer,
à les rendre plus sensibles. Puisse-t-elle
faire plus encore, & ne pas parler uniquement à l'esprit ?

Je n'ai pas besoin de dire que le Citoyen
que j'imagine & que je voudrois donner &
prendre pour modèle doit avoir avant tout

H iv

ce fonds de probité fans lequel il n'y a
point d'homme eftimable dans aucune forte
de gouvernement & fous aucune rélation
que ce puiffe être. Cette première condition eft
la baze de toute focieté. Je ne dois parler ici
que des qualités propres à former un bon
Citoyen à Ragufe , & je ne confidére l'homme
que je vais peindre que rélativement à ce but.

Un patriotifme fincère & éclairé eft la
première qualité que je lui demande après celle - là. Ce fentiment eft , comme on l'a dit
mille fois , la fource de toutes les vertus
Républicaines. C'étoit ce que *Montefquieu*
appelloit la *vertu* par excellence , ou du
moins c'eft le fondement de cette vertu qui
étoit felon lui le principe des Républiques.
En effet quel motif attachera mieux à leur
devoir les membres d'un Etat petit & pauvre ? Quel autre pourra les rendre capables
de faire au befoin des facrifices à leur patrie ?
Et que deviendra une République qui fera
devenue indifférente à fes propres Citoyens ?

Mais comme il faut une raifon , une caufe
à tous nos fentimens , quelle fera , direz
vous , celle de ce patriotifme que vous exi-
gez ? Quand une affection naturelle , répon-

drai-je, quand cet inftinct qui attache tous les
hommes au lieu de leur naiffance ne diroit
rien au cœur du Citoyen que je fuppofe,
le patriotifme devroit s'en ouvrir l'accès au
moment où il voudroit ufer de fes yeux &
de fa raifon. Il fe diroit à lui-même. » Je
» fuis né dans une des contrées les plus rian-
» tes de la terre, dans un air falubre, au
» centre de l'Europe & dans le voifinage
» des nations les plus aimables & les plus
» éclairées. J'y fuis né dans le fein de la
» liberté & de l'égalité ; c'eft-à-dire que
» je n'ai ni des inférieurs intéreffés à me flat-
» ter & à me corrompre, ni des fupérieurs
» qui puiffent me vexer à leur gré & faire
» de moi les jouets de leurs fantaifies ou
» les victimes de leur cupidité. Je ne fuis
» point expofé à languir dans l'antichambre
» d'un Grand toujours plus puiffant pour
» nuire que pour fervir, ni à voir paffer
» dans les mains d'un avide exacteur la plus
» grande partie du fruit de mes travaux, ni à
» folliciter, humblement & péniblement qu'on
» me rende juftice ni à redouter les coups
» imprévus d'une inimitié fecrette, ou les
» méprifes d'un Juge, ou d'un Miniftre trop

» occupés pour examiner & trop grands
» pour se retracter. La condition où j'ai été
» placé en naissant m'auroit exposé par tout
» ailleurs à connoître quelques - uns de ces
» maux, & tout au moins à souffrir une
» dépendance humiliante qui ne peut que
» rétrécir l'esprit & quelquefois avilir le
» caractère. Qu'est - ce en effet dans les
» Etats Monarchiques que d'être né dans
» l'ordre des artisans ou même des négo-
» ciants ; & quelle comparaison entre le
» sort de cet ordre tel qu'il est sous la
» domination d'un Prince qui l'apperçoit à
» peine, & ne l'appercevroit point du tout
» s'il n'avoit pas besoin de sa bourse ; & tel
» qu'il est dans un Etat où il ne voit rien
» au-dessus de lui, où il possède la considé-
» ration, les richesses, & l'autorité. J'aurois
» pû, je l'avouë, jouïr sous cette domina-
» tion d'une obscurité paisibles en me ca-
» chant dans la foule, & en cédant à toutes
» ses impulsions ; mais ici je puis exister par
» moi-même, si j'en ai le courage & la
» force : J'y puis suivre hardiment les con-
» seils de ma raison quelque opposés qu'ils
» soyent aux préjuges & à la mode. Je n'au-

» rois eû fous ce gouvernemens d'autre rôle
» à jouer que celui d'une patience muette :
» La caufe & le remède des maux qu'il eut
» fallu fouffrir auroient été au deffus de mon
» pouvoir. Ici je puis avoir à fouffrir fans
» doute ; fi ma patrie eft agitée, fi les paf-
» fions lui font oublier fes vrais intérêts ;
» mais je puis toujours lui faire quelque bien ;
» mon opinion y eft comptée comme celle
» des autres, & quelque corrompus que
» foyent les hommes, il eft certain que
» fi je remplis avec diftinction mes devoirs
» de Citoyen je n'en ferai que plus eftimé &
» plus heureux.
» Si j'aime ma patrie ce n'eft donc point
» par le feul effet de l'inftinct & de l'habi-
» tude ; où du moins la raifon approuve cet
» inftinct, & lui prête une nouvelle force.
» Je fais qu'un célibataire riche & oifif peut
» mener ailleurs une vie plus délicieufe ;
» mais fans difputer avec lui fur le prix de
» fes plaifirs qui pourront bien le rendre
» moins longtems heureux qu'il ne penfe,
» j'eftime qu'un homme honnête & fenfé
» qui cherche dans la nature & dans la rai-
» fon une fatisfaction durable, qu'un père

» de famille qui trouve son bonheur dans
» les devoirs de son état; que tous ceux
» enfin qui sentent dans leur ame quelque
» gout pour la liberté, pour le bien, pour la
» vertu ne sauroient desirer un sort plus con-
» forme à leurs vœux & à leurs vrais inté-
» rêts que celui qu'il est en leur pouvoir de
» se faire à Raguse.

Le Citoyen que je veux peindre sentira donc tout le prix du présent que la providence lui a fait en lui donnant une patrie, & en lui donnant celle-là Et par un juste retour si son cœur est honnête & reconnoissant, si son ame est susceptible de quelque élévation, de quelque amour pour la vertu il aimera cette patrie & croira avoir contracté en naissant une grande dette envers elle. Mais le sentiment de ses avantages ne lui inspirera cependant pas cette ridicule fierté tant de fois reprochée aux peuples libres. Il jouira sans ostentation d'un bien qui n'est point fait pour être étalé: Il sentira que dans la grande societé des nations la sienne qui peut être comptée pour une des plus heureuses doit se cacher sous l'herbe s'il est question de la comparer à d'autres égards. Il comprendra donc que

comme heureux & comme petit, la *modeſtie*
lui eſt ſévérement ordonnée, & peut ſeule le
conſerver. Il ſe gardera de prêter l'oreille
aux rêveurs enthouſiaſtes, ou aux harangueurs
intéreſſés qui l'entretiennent ſans ceſſe de ſa
dignité, & jamais de ſa petiteſſe, de ſes droits,
& jamais de ſes obligations. Il ne ſera pas
moins éloigné d'imiter ceux qui étourdiſſent
les étrangers de leurs privilèges & de leurs
avantages ; de porter chez eux ce ton qui
annonce qu'ils en ſont follement enyvrés, ton
déja condamnable à Raguſe, mais qui fait
ailleurs le contraſte le plus choquant, & qui
loin de relever le luſtre de leur Patrie, ne
peut ſervir qu'à les rendre ridicules avec elle,
& peut-être même odieux.

Tel eſt le caractère du patriotiſme que nous
devons approuver ; il eſt ſincère, éclairé, mo-
deſte. Le Citoyen qui en eſt animé le prou-
vera plus par ſa conduite qu'il ne s'en pa-
rera dans ſes diſcours, & tandis que plus
d'un patriote très-équivoque en prendra faſ-
tueuſement le nom & le langage, & croira
s'annoncer par des déclamations, de l'empor-
tement, des réſolutions violentes & extrêmes ; le vrai patriote dont je parle ne ſera

reconnoiffable qu'à fa modération, à fon impartialité, à fon amour pour le bon ordre, à
fon éloignement pour tout ce qui fent la ca-
bale & la faction.

Si vous joignez à ces difpofitions du cœur
un efprit droit & jufte, vous trouverez en
lui un Citoyen toujours à fa place, toujours
utile & eftimable, quelque foit le pofte que
fes goûts, fes talens, fa fortune lui ayent
affigné. S'il eft né dans un état qui lui im-
pofe l'obligation d'un travail affidu, il fera
content encore de contribuer au bien de fa
patrie, en foutenant fa réputation dans l'art
qu'il exerce, en donnant à ceux qui l'environnent l'exemple de la bonne foi, du bon
ordre domeftique, en élevant des enfans vertueux & laboriéux comme lui.

Il fe défendra furtout de la contagion de
l'envie qui rend les hommes malheureux,
injuftes & cruels. Il comprendra que fi le
fujet d'un Monarque peut avoir l'ame ulcérée
quand il fe voit couvert de bouë par le ca-
roffe d'un faquin qui ne s'eft élevé qu'à force
de baffeffes, & qui n'eft engraiffé que de la
fubftance du peuple ; dans une République
telle que Ragufe, la vuë d'un riche & de

fa profpérité ne doit pas même coûter un fou-
pir au Citoyen le plus indigent, puifque loin
que cette propérité foit formée aux dépens de
la fienne, elle lui eft, tout compte fait, beaucoup plus avantageufe que nuifible, puifqu'elle
foutient fa patrie, fon crédit, fon commerce,
& par conféquent lui-même; puifqu'elle pour-
voit à fa défenfe, qu'elle lui affure des reffources
dans le malheur, qu'elle eft chargée enfin des
principaux fraix d'un nombre d'établiffemens
néceffaires, utiles ou agréables dont il jouït
comme le riche, & très-fouvent bien plus
que lui.

Enfin il réfléchira quelquefois que par un
privilège auffi précieux que rare, il a une part
égale à celle de ce riche dans l'exercice des plus
beaux droits de la fouveraineté; (c'eft-à-dire,
dans tout ce qui flatte le plus les hommes,)
fans avoir une part plus grande pour cela dans
tout ce qu'il y a de pénible ou d'onéreux
dans les fonctions de Citoyen.

Que s'il croit appercevoir quelquefois chez
l'homme opulent des fentimens d'orgueil &
des manières dédaigneufes il en rira fans co-
lère comme de chofes plus ridicules que
dangereufes. Il croira devoir quelque fupport

à la foiblesse humaine qui s'enyvre aisément des moindres avantages, persuadé qu'il à pû lui arriver aussi de faire trop sentir les siens à ceux à qui le hazard de la naissance les avoit refusés. Il ne dira pas que tout est perdu parce qu'il n'a pas été salué avec assez d'égard, parce qu'il va à pied & son voisin en carosse, parce qu'on sert trois fois la table d'autrui & qu'il n'a que deux plats sur la sienne. Il aura même le courage de se croire aussi heureux que lui dans une fortune beaucoup plus bornée, & dès-lors il ne lui en saura plus mauvais gré. Il pensera en effet que la modération des desirs, une vie occupée & active, des plaisirs simples mais sentis peuvent valoir au moins tout ce luxe qui offense bien plus le spectateur qui l'envie qu'il ne plait au riche qui l'étale, ces vains amusemens qui le défendent si mal de l'ennui, ces soupers sans joye & sans cordialité, enfin tous ces plaisirs usés malgré lesquels l'oisiveté est encore plus pénible que la vie la plus laborieuse.

Gueri ou préservé de ce sentiment cruel qui le rendroit l'ennemi de ceux qu'il doit supporter & aimer, il se défie des effets

qu'il

qu'il produit chez tant d'hommes qui s'y livrent aveuglement : Il rejette ces fables calomnieufes qu'il enfante continuellement, ces interprétations empoifonnées qu'il donne fi fouvent des plus indifférentes actions. Il a reconnu par fon expérience que quoique les hommes foyent fujets à toutes fortes de vices, de torts & de travers ils en ont encore moins que leur malignité ne leur en prête. Il ne fuppofe qu'avec une extrême répugnance des intentions mauvaifes & finiftres, même dans ceux qui embraffent un parti oppofé au fien : Il fait que rien n'eft fi commun que de voir deux hommes envifager avec une égale bonne foi une feule & même chofe fous deux faces très différentes, & defirant tous deux la même fin y tendre par des voyes directement oppofées. Et quel eft en effet l'homme honnête & fenfé qui en fe rappellant de combien de manières différentes il a vû les mêmes objets durant le cours de fa vie n'en puiffe & n'en doive tirer la conféquence que notre façon d'envifager les chofes n'eft pas entiérement en notre pouvoir, que chacun tient néceffairement à la fienne, & qu'il n'y a rien de fi conftamment vrai pour

I

les hommes que l'importance du devoir qui
leur crie fans cefle, & fi vainement de fe fupporter.

Que fi la fortune de notre Citoyen eft telle
qu'il foit plus expofé à exciter l'envie qu'à
la fentir, il comprendra qu'il eft digne d'un
bon patriote de ne pas lui donner fans né-
ceflité des prétextes & l'aliment. Ce feroit
outrer fans doute fes obligations que de prétendre qu'il dût fe refufer la jouiffance légi-
time des avantages qu'il poffède, de peur que
le repos d'un voifin jaloux n'en fut troublé :
Mais fera-ce un effort bien pénible pour lui
que de s'interdire ce qui n'eft que de fafte
& d'oftentation, & de fe borner à une jouiffance folide, &, fi j'ofe ainfi parler, intérieure
& modefte ? Eft-ce une chofe digne, je ne
dis pas d'un Citoyen dévoué au bien de fa
patrie, mais feulement d'un homme fenfé de
faire confifter fa fatisfaction à éblouïr, à mor-
tifier, à humilier les autres par un étalage
qu'ils ne peuvent voir fans l'imiter, ni imiter
fans fe nuire ? Eft-ce la peine pour ce mifé-
rable & dangereux triomphe de jetter dans
des ames foibles & vaines, comme celles du
grand nombre des femences de mécontente-

ment & de haines, & par cela même de
divisions dans la République entière ? Peut-
on ne pas préférer la bienveillance univer-
selle qu'attire au riche la modestie unie avec
la bienfaisance, & qui se peint à sa vuë sur
tous les visages, à cet air consterné, à ces
regards sombres & farouches qui accueillent
ordinairement dans les Républiques le riche
fastueux, dur & hautain.

C'est ainsi que sent & que raisonne le bon
Citoyen que nous voulons peindre. Il reconnoît toujours, quoique sous deux formes
différentes, ce même orgueil qui est l'artisan
infatigable de presque tous les maux que nous
souffrons. Dans une fortune bornée il se dé-
fend de la jalousie ; dans l'opulence il évite
de l'exciter. Et si l'un ou l'autre lui coûte
d'abord quelques efforts, l'habitude les lui rend
aisés, & sa vertu l'en dédommage.

Je ne finirois point si je voulois développer
tous les motifs qui le portent à une si sage
modération, si j'indiquois seulement tous les
maux qui vont à la suite de ces deux excès.
J'ai souvent caractérisé l'envie ; mais persua-
dons-nous bien en même tems que si ce vice
odieux est, comme on l'a dit, le fléau des

Républiques ; de l'autre côté dans un Etat tel que celui de Raguſe , un luxe faſtueux eſt également déplacé , meſſéant & dangereux. Qu'il ſe produiſe ſans ménagement dans les Cours & les Capitales des grandes Monarchies , la choſe eſt , ſi l'on veut , dans l'ordre. C'eſt là l'élément du luxe , le ſiège de ſon Empire. Il y eſt même un des reſſorts du gouvernement par la dépendance où il met les grands des bienfaits du Prince ; il en éblouit le peuple , il le captive en l'étonnant. Mais à Raguſe il ne ſervira jamais qu'à porter le trouble & la déſunion dans les familles & dans l'Etat , & qu'à nous faire perdre de vuë le véritable eſprit de notre ſituation. Comme il eſt né dans les Monarchies , il traîne avec lui un cortège d'idées & de préjugés monarchiques qui choquent en tout ſens les idées & les opinions Républicaines. Cela eſt ſi vrai que dans les Ariſtocraties mêmes les plus illimitées & les plus riches, comme Veniſe & Gènes , il a fallu que des loix ſévères maintinſſent (non la pureté des mœurs que ces gouvernemens ne recherchent guères ,) mais l'apparence de l'égalité , l'extérieur de la modeſtie. Voyez à combien plus forte raiſon le

luxe d'oftention eft ridicule & déplacé dans
un Etat où il n'y a qu'un ordre de Citoyens,
où les fortunes particulières fe divifent fans
ceffe, où la fortune générale porte fur des
fondemens fi mobiles, où tout nous ramène
néceffairement à notre origine, à notre petiteffe. Quelle inconféquence furtout que d'é-
lever des enfans dans des opinions & des ha-
bitudes qui ne peuvent que devenir pour eux
une fource de peines, de contradictions &
de dégoûts ?

Si le Citoyen que nous imaginons à une
fois accoutumé fon cœur & fon efprit à garder ce fage milieu, le refte de fes devoirs
ne lui préfentera pas des problêmes bien difficiles à réfoudre, ni des vertus bien pénibles
à pratiquer. Tant il eft vrai que c'eft d'un
orgueil déréglé que viennent prefque toutes
les illufions & les paffions qui nous égarent !
A-t-il réuffi à contenir le fien dans de juftes
bornes ? Son patriotifme & fa raifon le con-
duiront fans écart à tout ce qui eft droit &
bon pour lui-même & pour la fociété. S'il
n'eft pas né pour y jouer les premiers rôles, il
ne deviendra pas à caufe de cela l'ennemi
jaloux & perpétuellement défiant de ceux qui

en font chargés. Il n'ira pas fans les plus fortes raifons leur attribuer des vuës & des projets contraires à leurs devoirs. Si cependant
les apparences les condamnent, il examinera
ces apparences mûrement & fans paffion. Il
croira qu'on peut être capable d'erreur & de
négligence longtems avant que de l'être de
trahir volontairement les intérêts de fa patrie ;
& quand les faits parleront enfin clairement,
il examinera encore le degré de la faute &
la convenance du remède. Il fe dira qu'il faut
fupporter un mal paffager, pardonner, tolérer des foibleffes attachées à l'humanité, des
fautes aifées à commettre dans des charges pénibles & épineufes, fautes fouvent expiées d'a-
vance par de longs & d'importans fervices, &
que de fimples marques de défapprobation peuvent corriger & prévenir, fans recourir à
des moyens qui ébranlent toujours la conftitution, & qu'une véritable & extrême néceffité peut feule juftifier pleinement.

Vous voyez combien il y a loin de ce caractère à celui de ces Don-Quichottes d'une
liberté dont ils n'ont point de juftes idées,
qui la font confifter à ne garder aucune mefure, à être toujours dans un accès de fièvre,

à sonner sans cesse le tocsin, à s'emporter en déclamations, à employer les plus grands termes
pour les plus petits sujets : Ou à celui de ces
esprits dangereux, & bien moins fanatiques que
fourbes & méchans, qui pour nuire avec sûreté
prennent un masque de modération & de
douceur, & n'en font pas moins circuler avec
moins d'activité, quoiqu'avec plus de se-
cret, les rapports, les soupçons, les calom-
nies les plus propres à servir leurs vuës en
échauffant les esprits qui ne sont pas sur leurs
gardes. Le défenseur vertueux des loix & des
libertés de son pays qu'il croit sincérement
attaquées, se fait connoître par une toute autre
conduite. Il n'employe que des moyens dignes
d'une si belle cause, & dont la probité & la
vérité n'ayent point à rougir. Il rejette toutes
ces armes empoisonnées que la fureur des partis a fait inventer. Il sait concilier la décence
& la justice avec la fermeté & le courage ;
& comme il n'a combattu qu'à regret, il sait
vaincre avec modération, & prouver par le reste
de sa conduite qu'il n'a sincérement voulu
qu'affermir la liberté, & non pas obtenir l'empire. Bien différent de *Cléon*, cet Athénien
dont parle Polybe, qui après s'être vanté

I iv

d'avoir défendu pendant vingt ans la liberté de sa Patrie contre l'orgueil des Grands, ne tarda pas à prouver après ses succès qu'il étoit l'homme le plus despotique, le plus impérieux, le plus hautain qui l'eut jamais gouvernée.

Les élections sont une des circonstances de la vie où le véritable Patriote exerce le plus son discernement & sa vertu. Il sent combien le bonheur de son pays y est intéressé. Il sent que c'est là plus que jamais qu'il faut porter un cœur uniquement touché de l'intérêt public. Il se redit sans cesse que tout choix vicieux contribue à avilir le gouvernement, & que tout ce qui l'avilit fait à sa Patrie une playe profonde qu'à peine le tems peut guérir. Il fait donc de nouveaux efforts pour se dépouiller de tout esprit de parti, de tout ressentiment, de toute affection particulière pour ne s'attacher qu'au mérite intrinsèque ; c'est-à-dire, à la capacité réunie avec la probité, les mœurs, la bonne réputation.

Voyons à présent le même homme dans une position différente. Supposons qu'une fortune moins bornée, une éducation plus cultivée le rendent propre à se vouer au service de sa patrie ; l'amour qu'il a pour elle, l'é-

tude qu'il a faite de ses intérêts lui traceront
la route qu'il doit suivre. Les goûts, le caractère, les circonstances détermineront le genre
de services qu'il se croit tenu de lui rendre.
Il s'assurera bien avant que d'aspirer à une
place qu'il aura les talens, le courage & la
liberté de la remplir avec honneur. Que
s'il ne prévoit d'obstacles à aucun de ces égards,
il fera au public le sacrifice du moins, d'une
partie de sa vie, & de sa vie entière, si ce public
en a un besoin évident. Je sais que même
dans les tems les plus calmes, où la patrie
mérite le mieux les sacrifices qu'on lui doit,
celui-ci paroîtra pénible & excessif à ces hommes aimables & polis qui ont poussé si loin
de nos jours l'art de ne prendre que la fleur
des choses de ce monde, & d'en laisser les
épines aux bonnes ames : Pendant que ces
bonnes ames font la manœuvre, ces Messieurs
navigent sans trouble ni souci : Ils n'ont d'autre soin que de jetter un coup d'œil super-
ficiel, & de dire des choses plaisantes sur ce
qui se passe. Ce rôle est, je l'avoue, extrêmement utile & glorieux : Je prendrai cependant la liberté de leur faire observer que
quand on peut faire quelque chose de plus

pour fa patrie on le doit indubitablement ;
que ce n'eft pas avec ces bons mots, cette
pareffe dédaigneufe, cet égoïfme réduit en
fyftême que notre République s'eft formée,
qu'elle eft parvenue au travers de mille dangers au point où nos pères nous l'avoient
laiffée. Sans eux, fans cette vertu mâle &
courageufe qui bravoit la peine comme le
péril; fans ce patriotifme qui faifoit taire l'intérêt perfonnel, la molleffe & le gout du
plaifir, il y auroit aujourd'hui peu de plaifans
dans l'enceinte de nos murailles; elles ren-
fermeroient comme autrefois de vaftes Mo-
naftères azyles de l'ignorance & de l'ennui,
des granges hideufes avec quelques boutiques
de merciers & quelques cabanes de pêcheurs ;
& femblable aux Villes languiffantes & obfcu-
res du refte de la Dalmatie, Ragufe n'auroit
pour habitans que des cultivateurs indigens,
occupés à labourer péniblement leurs champs
ingrats pour des maîtres ou des étrangers.

Mais ne nous laiffons point aller à l'humeur :
Après tout ces hommes ne font qu'inutiles,
& il y en a tant de malfaifans qu'il faut bien
fupporter. Ils n'abrégeront pas leur fommeil
pour fervir l'Etat, mais auffi ne veilleront-ils

pas pour le troubler. Il faut les oublier com-
mes des Citoyens morts pour leur patrie, &
les plaindre en faisant leur oraison funèbre
de n'avoir pas sçu goûter durant tout le cours
de leur vie le plaisir si pur & si doux de faire
du bien. C'est au contraire l'attrait de ce plaisir
qui est le principal mobile & le salaire du Citoyen que nous peignons ; & dès-lors s'il
n'est pas insensible aux dégoûts, aux ennuis,
aux inquiétudes qui assiégent les premières
places il les supportera du moins avec patience. Les contradictions auxquelles elles l'expo-
sent n'épuiseront sa constance que quand elles
tendront à l'empêcher de remplir ses devoirs,
quand on exigera de lui des choses opposées
aux régles de l'honneur, à l'intérêt, à la
gloire de sa nation, aux loix dont il est le
gardien & le dépositaire. J'avoue qu'il n'est
pas toujours aisé de poser des limites fixes &
précises entre ces devoirs & la complaisance
qu'on doit aux desirs de ses Concitoyens. Mais
quand il aura donné tous ses soins à s'éclairer
& à éclairer les autres ; quand il aura pû se
rendre le témoignage qu'il n'a agi que pour
le plus grand bien, son honneur sera en sûreté, & sa conscience en repos. Les jugemens

d'autrui rentreront à ses yeux dans là classe de
ces accidens de la fortune auxquels l'homme
n'a que de l'insensibilité à opposer ; & quoiqu'il arrive , il trouvera au dedans de lui-même
un azyle toujours tranquille & assuré.

Vous m'arrêtez ici pour m'avertir que je ne
sais qu'un beau songe ; que le Citoyen que
j'imagine ne se trouve nulle part ; que c'est à
plus forte raison la plus chimérique des espérances que de se flatter que jamais un peuple
entier soit composé d'hommes pareils.

Ce n'est point moi qui examinerai à quel
point cette espérance peut être chimérique ou
fondée. J'ai rempli mon objet : j'ai tâché de
tracer une esquisse des intérêts généraux de
ma patrie & du Citoyen qui la sert comme il
faut la servir. J'ignore l'avenir ; je n'ose même
trop l'envisager ; je sais seulement que Raguse
se relévera , & prospérera de nouveau si elle
a dans son sein plusieurs Citoyens de ce caractère , & que s'il est vrai que ce caractère
y devient plus rare de jour en jour sa ruine
est inévitable , & peut - être même prochaine.

Puisse le Ciel qui nous a tant de fois pro-
tégés détourner un si funeste présage ! Puisse-
t-il nous inspirer de meilleures pensées , nous

faire écouter la voix de la raison, & nous donner, pendant qu'il en est tems encore, la force de régler des passions qui ne nous tromperoient que pour nous donner un jour de cuisans & d'inutiles regrets !

Mais il est tems de mettre fin à ce petit Ouvrage, & de l'abandonner à sa destinée. Je le terminerai comme je l'ai commencé, par demander une grace qui ne me sera point accordée ; c'est qu'on veuille bien juger sans passion des choses qui ont été écrites sans passion. Pour moi, quoique l'on en pense, j'aurai dit ce que ma conscience m'ordonnoit de dire, & je m'envelopperai paisiblement dans mes intentions & dans mon obscurité.

FIN

TABLE
DES CHAPITRES.

Fin de la Table.